2022開運大預言

&福虎年開運農民曆

雨揚老師——著

Contents 目次

Part 3

易經六十四卦測事業運，
　抓緊機會一飛沖天！

Part 4

2022 開運農民曆 151

part

1

2022

虎年運程前瞻

福虎生豐！
2022 虎年運程前瞻

「虎躍精神今勝昔，福虎生豐幸福春。」在神話故事中，老虎曾為天宮的殿前衛士，被玉皇大帝派來人間鎮守百獸、為民除害。老虎陸續降伏陸地三獸以及東海龜怪之後，額上出現了三橫一豎的「王」字！從此，老虎便成為虎王，民間亦認為老虎可助世人趨吉避凶、庇佑吉祥平安。也因此，從護身符到居家擺鎮、再到日常生活用品，老虎的意象無所不在，也是許多民眾心目中的守護神。

歷經前兩年因新冠肺炎造成的各種局勢動盪、社會不安之後，如今虎年到來，期許老虎發威之後，所有的災厄障礙都能消滅於無形，也希望從個人到群體，都能走出低迷的氣氛，以虎虎生風的氣勢迎接嶄新的一年，如虎添翼般地大展英姿，創造美好的未來！

2022 壬寅年，從天干地支來看，壬為水，寅為木，水木相生，加上正逢驛馬年，代表整體運程將如龍騰虎躍般地充滿活力、衝勁十足，且有利於開創事業、累積財富，只要勇往直前，努力開疆闢土，今年將會是一個讓人更上層樓，獲得富貴功名的大好時機。

由於壬寅年的天干屬水，由此可知，今年的老虎是一隻外剛內柔、充滿智慧的老虎。不只沒那麼凶猛，還有著圓融通達、知所進退的特質，也代表每個人只要能

夠沉穩做事、多多與人為善，就能徹底發揮壬寅年的獨特優點，逐漸邁向成功之路。另外，也期盼每位朋友在行事上要心存善念，好的心念是一切美好事物的起源，正所謂「涓滴成河、匯聚成海」，讓我們以感恩之情來澆灌壬寅年的「寅木」，使其茁壯成長為大樹，生生不息，福澤綿延！

開運提點

在壬寅年的開運祕法上，寅屬陽木，適合回歸自然，所以舉凡如草木般的綠色或是天空似的藍色，都有助於召喚更豐沛的正能量，提升各方運勢。

寅時為凌晨的 3 點到 5 點，主肺經，此時若能好好安眠入睡，將可保養肺經，讓身體獲得充分的休憩，養精蓄銳。除了寅時需好好靜養外，也可把握以下兩個時間，替自己好好開運：渴望事業突飛猛進的朋友，可於中午 11 點到下午 1 點的時間，將名片或錢包拿到太陽底下曬一曬，有助於提升事業運，廣闢財源。

另外，晚間 9 點到 11 點也是跟宇宙下訂單的好時機，此時可以找個僻靜處靜坐冥想，想像所有正能量都匯聚於身邊，並誠心向宇宙許願，但願心想事成，所求如願。

至於想運用盆栽、擺件或飾品來開運的朋友，則可在家裡及辦公室擺設如富貴竹、金錢樹等開運植栽，或多佩戴翡翠、東菱玉等具有木行能量的飾品，打造好運磁場。另外，壬寅年缺庫，若能於財位擺放一個聚寶盆，將可匯聚家宅福氣，讓財運更加興旺！

立春開運法　辰時面朝東方接陽氣迎好運

二十四節氣以「立春」為首，是一年大運的起始。古時皇帝為慶祝立春，會特

地齋戒沐浴，率百官舉行祭典，祈求國泰民安；身為現代人的我們，依然要重視立春這個特別的日子，有助於提升運勢。

今年在西曆 2022 年 2 月 4 日早上 4 時 50 分交立春節氣，家中若有新生兒，記得此前出生的生肖仍屬牛，之後出生的寶寶生肖才屬虎。另外，當日的吉時為早上 7 點至 9 點（辰時），記得一定要早起，並於辰時面朝東方處來接陽氣，在陽光下沐浴全身，好運也跟著加身！假使當日為陰雨天，亦可誠心面向天空祈福，若能同時做煙供祈願，更可強化祝願的能量，令美夢成真！

國運流年分析

以壬寅立春八字看國運發展

時柱	日柱	月柱	年柱	
七殺	命主	偏財	偏財	主星
甲寅	戊子	壬寅	壬寅	八字
戊丙甲	癸	戊丙甲	戊丙甲	藏干
比肩 偏印 七殺	正財	比肩 偏印 七殺	比肩 偏印 七殺	副星

立春八字分析

民國 111 年，西元 2022 年（壬寅年）的立春八字為：

壬寅年、壬寅月、戊子日、甲寅時。

立春此日八字，戊土長生在寅，寅宮甲木為臨官，呈現木旺土崩的狀態，加上丙火不強，容易有土虛，即日曬不足的情況發生。

歲次壬寅，納音為「金箔金」，即所謂的金箔金命，彷彿體質單薄，遇到大溪、長流，容易飄蕩不定，故要特別留心水災、颱風、海難發生。另外，這一年裡木旺土崩，也要小心提防土石流及山洪爆發！

而從壬寅年的立春八字來看，全局不見金，金代表著食神與傷官，這表示一般的社會大眾不喜歡過度變動，且對提升生活品質的興趣不大；相較之下更喜歡安穩，不愛動腦創新；在口才應對方面，也不像過往反應快、思緒靈敏。而在政府機關方面，國際事務的參與及執行，依舊處於被動。

另外，今年的七殺星重，代表從政府官員到市井小民，大家的生活壓力頗大，某些人在處事上容易衝動、好競爭，行為較為霸道偏激，切記人與人相處以和為貴，關係才能細水長流。

在新的一年裡，偏財星重，社會中從上層到下層，都對金錢遊戲十分熱中，貧富差距變得更大，一般百姓覺得生活重擔一年比一年沉重，如何改善將會成為今年的一大考題！

由於偏財星重，地支又無財庫守衛，所以壬寅年可能將是花費頗大的一年。同時間，也會有許多朋友不重視金錢，富有俠義心腸，喜歡幫助他人，切記跟人有金錢往來時要格外小心，以免賠了友情又傷財。而在與友邦國家往來上，政府也依舊會實施金錢外交。

今年的驛馬星眾，主異地求財，但沖動驛馬星的月分也要特別留意交通意外，例如農曆四月和七月前後，就必須更謹慎小心。建議可多參加法會來淨化身心，累積更多的正能量，或是多誦持佛號來安定心神，消災解厄。

在理財方面，依照今年立春當日的干支，可以朝水行、木行的類別發展，例如投資文創事業、紙業相關、教育文化、航空運輸、進出口貿易、旅遊業等，將會有所收穫！

《地母經》2022 壬寅年原文：

詩曰：

太歲壬寅年，高低盡得豐。

春夏承甘潤，秋冬處處通。

蠶桑熟吳地，穀麥益江東。

桑葉不堪貴，蠶絲卻半豐。

更看三秋裡，禾稻穗重重。

人民雖富樂，六畜盡遭凶。

卜曰：

虎首值歲頭，在處好田苗。

桑柘葉下貴，蠶娘免憂愁。

禾稻多成實，耕夫不用憂。

由《地母經》得知，2022 年將是農作豐收的一年，但畜牧業就不那麼順遂了，且要提防動物疾病，豬瘟和禽流感可能捲土重來，從野生動物傳染至人類身上，要格外小心謹慎。

新冠肺炎在壬寅年裡，應該會因疫苗施打率提升而得到控制，只是變種病毒持續在各國之間流竄，如何與病毒共存，將是人類在後疫情時代的重要課題。

紫微四化分析

民國111年，西元2022年（壬寅年）的紫微四化，分別是天梁化祿、紫微化權、天府化科、武曲化忌，此四顆星曜相互影響，共同形成壬寅年的氣場。

天梁化祿

「天梁星」屬土，化氣為蔭，代表祖蔭、祖德，透過平日的樂善好施，可累積豐厚的福德資糧。「化祿」代表發揮優點，因此今年可望因長輩及上司的助力而升官發財，亦有獲得祖產、博得好名聲的機運。

「天梁星」也掌管壽祿，為父母宮主。同時是父母星、宗教星及醫藥星，表示即便遇凶險之事，也可遇難呈祥。處理事務的過程中縱然波折不斷，勞碌辛勤，但最終都可化險為夷，順利過關。

「天梁化祿」表示在壬寅年裡，國家及環保、政治議題備受矚目，也會有不少社會運動，民眾上街頭抗爭，挑戰司法公權。另外，「天梁星」也是賭博星，因此在這一年內，博弈事業將開始蓬勃發展。相對的，一些非法或不見光的行業祕辛，也會在今年曝光。

壬寅年裡，可望獲得許多政府的資源輔助，像是保險行業、老人照護等長照業。一些弱勢家庭陷入經濟困頓之中，透過社會救濟獲得及時雨，有能力之人應多回饋社會，創造更多的善循環。

另外，醫療行業也會獲得更多的重視，健康意識抬頭、疫苗保護力以及健康營養食品的銷售，都會成為外界關注的焦點。旅遊觀光業可望在這一年內復甦，民眾對外出旅遊充滿期待。此外，像是網路業、園藝業以及戶外運動等行業，都會比前兩年表現得更出色。

氣候異常現象在這一年內會更加明顯，不是酷熱難耐，就是冰寒極凍。水災、旱災不斷，全球暖化及氣候異常，正是在提醒人們應時刻尊重大自然，提高環保意識。

紫微化權

「紫微星」屬土，化氣為貴，主掌官祿。當紫微星走到「化權」時，對於目標明確的人來說是一大喜事，此時將是你創業、出國或結婚，邁向人生下一個階段的大好時機，一定要好好把握！

擁有許多創意靈感的朋友，今年將感到如魚得水，除了正職之外，還有機會經營副業，開啟斜槓人生。至於一直想創業的朋友，則會在多方貴人的相助下，順利實現夢想，比方說擁有自己的實體店面，或者經營網路商店，都會獲得不錯的佳績；不想一輩子當受薪族，為人打工的朋友，如果能好好抓住這股勢如破竹的運氣，將會更上層樓。

此外，在歷經疫情風暴之後，人與人無法自在見面，只能透過網路聯繫情感的模式，反而容易導致家人之間的關係疏遠。生活不管再忙碌，記得要多關心家人，並且分享彼此的喜怒哀樂；家，永遠是我們最溫暖的窩！

而在財務上，從去年開始積極進行投資理財的朋友，今年會更有收穫，但切記不要過度自信、孤注一擲，將所有的資金放在一個籃子裡，會承擔過高的風險。建議要有危機意識，分散投資才會有所斬獲。而當收入豐厚時，別忘了多行善佈施，才能累積更多的福報。

另一個要注意的事項是，必須留意因獨斷獨行造成的危機，不管在婚姻、人際關係，還是財務處理上，若一昧地自我膨脹，或過於任性，將會面臨關係破裂或者遭受巨大損失。在人際關係上，尤其要注意招小人、遭人忌妒等問題，倘若能廣納雅言，多為他人著想，不但能增進人緣，也會受到長官提拔，升官又發財。

天府化科

「天府星」屬土，化氣為令，亦為財帛田宅之主，掌管權力及富貴，並可帶來豐厚財庫，創造出好名聲，可望名利雙收。

當天府「化科」時，表示財庫的保險箱會打開喔！能夠趁此機會累積財富，但切記不可躁進，凡事穩紮穩打、一步一腳印，才能達到最好的成效。壬寅年對於房地產業、銀行業、保險業，將會有不少利多的政策出現，可多方研究，尤其是想投資房地產的朋友，更可在這一年賺到理想的利潤。

壬寅年是非常適合爭取上位的一年，可努力贏取好名聲，不管是參加社團表演，還是投稿比賽，或者在團隊中爭取當幹部，都是非常恰當的時機。此外，也可經營自媒體，透過網路平台發聲，展現自己的才華及魅力，或是透過直播導購商品，將能創造極佳的業績，口袋滿滿！

「天府星」又為衣祿之神，喜歡美食的朋友，今年將大有口福！不妨多以食會友，在餐敍當中結交到十分投緣的朋友，甚至認識重要的貴人，幫助你開展事業，創造更多的成功機會。想當網紅的朋友，更可以多多利用吃播，讓自己的知名度大增，順利獲得外界的肯定及支持。

武曲化忌

「武曲星」屬金，化氣為財，也是財帛主及行動生財之星，象徵賺錢一把罩，為了廣開財源，可以不畏艱難，努力往前衝刺，賺取豐盈的財富。

由於武曲星是正財星，當逢「化忌」時，就是萬物齊漲，只有薪水不漲，通貨膨脹的問題會更嚴重，百姓用錢吃緊。在投資時，一定要量力而為，切莫孤注一擲，以免造成金錢損失。

另一方面，壬寅年也是資金、財富重新分配的一年，做生意的朋友要好好把握這一年，掌握市場的變化，銷售商品的 CP 值要夠高，不管是服務精神、品牌建立、價格、出貨速度等，都要精益求精、不斷創新，以免遭到市場淘汰。

而在人際關係上也要多加注意，切莫剛愎自用、過於堅持己見，凡事以人和為上，事務進展才會順遂，否則容易中途受阻，無功而返。新的一年內，有可能會跟身邊的至親好友因金錢糾紛而產生嫌隙，想要感情長久，在錢財處理上務必說清楚、講明白，與人做生意合約處理更不可馬虎，以免日後出現問題。

保持謙虛的態度，經常與人為善，不要過於斤斤計較，多一點柔軟心、捨得心，

會幫助你增長人緣，為自己帶來好機運，進而在財運上大有斬獲。此外，武曲屬金，金對應肺臟、大腸，所以今年要特別注意呼吸系統及腸胃問題，盡量提升免疫力，可多鍛鍊肺活量及補充植化素多酚，如兒茶素、檸檬多酚、花青素等來改善體質。

綜合以上四化星的相互影響，壬寅年以「天梁化祿」為開端，一如《道德經》第八章所言的「上善若水」，「善」即為國運代表字。上至高官、下至平民百姓，待人處事，一言一行，時時刻刻累積善的資糧。善累積多了，就變成「功」；功行多了，就有「德」；功德做多了，就能積累深厚的福報。

壬寅年是累積財富的大好年，但健康仍舊是社會關注的議題，要謹防疫情捲土重來。另外，環保意識也會更加抬頭，而用電量過大、電壓不穩、跳電等現象也會再度發生，節能省電將成為民眾關注的焦點。在個人生活方面，「斷捨離」的概念會更深入人心，成為受歡迎的議題。

2022 壬寅年
九宮飛星風水開運布局

　　九宮飛星又稱為「玄空飛星圖」或「紫元飛白圖」，每年天上會有九顆星曜依序當值，飛臨地上的九宮方位，星曜及方位五行會產生不同的生剋變化，深深影響每年的房宅風水，牽動家運的禍福吉凶。地面九宮的方位小至個人桌面、房間，大至國家、國土，皆可劃分成九宮格來做風水上的布局，進而趨吉避凶，開運聚福。

　　今年的九宮飛星，很湊巧地，星曜五行和飛臨的方位五行相同，這種少見的現象，更值得我們去了解如何布置相應的風水布局，巧妙運用合適的風水擺件來加強吉星能量，化解凶星威能，為新年的家宅格局做好充分準備，順應天時地利，虎虎生風轉乾坤！

2022 九宮飛星圖

☆武曲（金） 西北（金）	☆貪狼（水） 北（水）	☆左輔（土） 東北（土） ★太歲方
▢破軍（金） 西（金）	★廉貞（土） 中（土）（中宮）	★祿存（木） 東（木）
★巨門（土） 西南（土） ★歲破方	☆右弼（火） 南（火）	☆文昌（木） 東南（木）

☆表吉星　★表凶星　▢表吉凶互現

※ 讀者可將隨書附贈的「九宮飛星圖卡」，疊放在家宅或辦公空間的平面圖上，將東方對準太陽升起之處，或以指南針找出東方位，即可一目了然家中的九宮方位，任何空間都可活用以下的九宮飛星開運法來改善風水。

開運重點	星曜	2022 布局方位
招財富 旺事業 添運勢	貪狼星	北方
	武曲星	西北方
	左輔星	東北方（★太歲方）
旺桃花 增人緣	右弼星	南方
	貪狼星	北方
	文昌星	東南方
求功名 開智慧	文昌星	東南方
避煞氣	巨門星	西南方（★歲破方）
	祿存星	東方
	廉貞星	中宮
吉凶互現（偏財運）	破軍星	西方

貪狼星

星曜屬性：**五行屬水**

今年布局方位：**北方**

開運重點：**事業運、財運、職場人緣**

　　「貪狼星」五行屬水，與「武曲星」及「左輔星」並稱為三大財星！此星的特性是追求名聲、有利交際並且充滿企圖心，特別

適合從事業務、創意、商品開發，或新銳行業的工作者來求財。

開運五行能量：**金行**

> 2022 年「貪狼星」飛入北方，同為水行能量，吉星優勢放大！可以選擇金行能量的寶物，再以金生水能量去強化吉星能量，寶物上若能有招財元素更好，比方聚寶盆、元寶、貔貅等，能催旺財氣，如願進財！

開運寶物推薦：**銅雕聚寶盆、銅雕貔貅或金蟾、白水晶洞、白水晶擺陣等。**

巨門星

星曜屬性：**五行屬土**

今年布局方位：**西南方（歲破方）**

開運重點：**健康**

> 「巨門星」又稱「病符星」，主疾病災厄等不吉之事。現代人的文明病多，其中又不少與情緒相關，在「巨門星」的影響下，更容易使人意志消沉，導致身心不佳，久病不癒，或是舊疾復發，家中有長者、幼童、身體虛弱者的起居室，不宜在此星飛臨的方位。

開運五行能量：**金行**

> 今年五行屬土的「巨門星」，飛入了同為土行的西南方，在土土相加的能量下，會緩緩加重凶星的威力，加上今年此方又恰好是歲破方，所以更要妥善布局！可選擇具金行能量的寶物來壓制，並溫和地化洩凶性，且最好能與葫蘆、佛經、寶瓶等可消災祛病

的寶物做結合，並且避免擺放流動、不穩定或木行及火行能量的物件。

開運寶物推薦：**銅雕葫蘆、銅雕龍龜、金色寶瓶、白玉或白硨磲的龍形擺陣、白色煙供爐、佛像、佛經等。**

祿存星

星曜屬性：五行屬木

今年布局方位：東方

開運重點：人際關係

「祿存星」又名「是非星」，專司挑起謠言、爭執、誹謗、官司訴訟等口舌是非之事，並牽動著人的情緒，引起偏激悲觀的想法，不利於經營人際關係。因此，家中若有正值青春期的孩子，或是脾氣暴躁之親人，要避免睡在此星飛臨的方位。

開運五行能量：火行

今年五行屬木的「祿存星」飛入同屬木行的東方，在木木比和的威力下，凶星能量漸長，需用火行能量來溫和化洩，而且最好放置化煞寶物或佛尊神像、神獸等大型擺件，才能鎮守住凶星威力。另外，也可經常在此方位燃點薰香，淨化不良磁場，消弭鬥爭之氣，或是點盞鹽燈，以鹽燈所散發的暖色光芒來提升正面能量，並營造溫和的環境氛圍。

開運寶物推薦：紅瑪瑙、粉晶、紅玉等材質的葫蘆、龍龜、彌勒佛、平安扣等。

文昌星

星曜屬性：五行屬木

今年布局方位：東南方

開運重點：智慧、功名、人緣

「文昌星」主管智慧、學業，不僅對學生與考生是很有助益的一顆星，也對一般人的思考判斷有相當大的幫助，能釐清思緒、解決煩惱！另外，此星也被稱為「副桃花星」，文質彬彬又聰穎機智的個性，自然比旁人有更多桃花人緣的助運！

開運五行能量：水行

2022 年「文昌星」飛入了東南方，星曜與方位五行皆屬木行，木木比和，能充分發揮吉星力量！如果想在豐沛的思緒中加強如水般的活絡思維，可再運用水行的風水寶物，以水生木的相生能量來強化布局，會更有益於文思泉湧，提升溝通能力，開啟桃花好人緣。

開運寶物推薦：黑色系的文房四寶、山水畫作、百福圖（福字屬水）、紫晶洞、紫水晶七星陣、黑曜石擺件。

廉貞星

星曜屬性：五行屬土

今年布局方位：中宮

開運重點：安康、化煞

「廉貞星」又被稱為「關煞星」，是九星之

中的第一大凶星，主管血光、災禍、破財、傷害、病痛等不吉之事，影響我們的健康和財富運勢，每年的風水布局一定要特別注意此星，家中身體羸弱多病者也要避免居住在此方位的房間。

開運五行能量：**金行**

五行屬土的「廉貞星」，很不湊巧地在今年飛入同為五行屬土的中宮，土土能量相加，加重了凶星的凶性，加上這又是一顆大凶星，所以要選擇有分量、厚實堅固的金行寶物來洩除厄氣，且以具有神獸形象者為佳，或是經修持過的「地母寶瓶」，也很適合請回家放置於家中正中間區域，能鎮宅化煞，改善風水磁場。

開運寶物推薦：**銅雕龍龜、銅雕葫蘆、地母寶瓶、白玉龍形擺陣、白色煙供爐、佛像、佛經等。**

武曲星

星曜屬性：**五行屬金**

今年布局方位：**西北方**

開運重點：**事業運、財運**

「武曲星」是掌管權勢和財富之星，又稱「驛馬星」，象徵著積極性與變動性，很適合以勞力付出為主，需要經常外勤奔波的工作者求財；另外，此星在古代也是武官的大吉星，從事軍事、警政單位或是武術體育等相關工作者，更需要參考此星的方位來妥善布局。

開運五行能量：**土行**

帶有金行能量的武曲星，今年飛入了同為金行的西北方，方位能量正好催旺了吉星效益，想要升遷加薪、創業致富的朋友可得把握此良機，用土生金的相生方式來好上加好，穩固旺運格局。此外，也可選擇具有招財意涵的元素，如黃玉、元寶、聚寶甕、金蟾、貔貅等，讓進財更順遂！

開運寶物推薦：**黃玉蟾蜍、黃玉貔貅擺陣、黃玉或陶瓷的流水盆、聚寶盆、石雕擺件等。**

破軍星

星曜屬性：**五行屬金**

今年布局方位：**西方**

開運重點：**偏財運**

「破軍星」是九星中很特別的一顆星，兼具吉凶互現的特性，既掌管偏財，有利娛樂、通訊傳播、博弈等行業，卻又易引發爭鬥衝突、甚至導致破財，所以有吉凶參半的特性。若能妥善發揮其偏財能量，將能迅速聚財。

開運五行能量：**土行**

「破軍星」的布局重點在於充分運用此星的偏財效果，卻又不被凶星的戾氣和凶性反制；此星五行能量屬金，2022 年飛入同屬金行的西方，吉星特性無法被催發，所以要選擇厚實又可化煞氣

的土行風水寶物，溫和地催化吉星能量，並且鎮守財庫，讓財富只進不出！

開運寶物推薦：**黃玉聚寶盆、黃玉吉象、黃玉元寶、陶瓷或銅雕擺陣。**

左輔星

星曜屬性：**五行屬土**

今年布局方位：**東北方**

開運重點：**正財運、事業運**

「左輔星」是九星中的第一大吉星，掌管富貴和官運，對正財運及事業運的幫助都很大，又稱為「鴻運星」或「財帛星」，是各行各業都該好好掌握的一顆星，能幫助大家富貴臨門、名利雙收！

開運五行能量：**火行**

然而，今年「左輔星」雖然飛臨同為土行的東北方，原本可以坐收方位能量相加之效，但可惜今年東北方也為太歲方，吉星效果有所減弱；所以除了用火行能量去催旺鴻運之力，也一定要搭配能制煞太歲凶威的吉祥神獸或是佛像、經文等，才能避免受太歲凶威影響。

開運寶物推薦：**紅瑪瑙的神獸、佛像、平安扣等，或紅色吉慶畫作、九宮八卦陣、玉璽等。**

右弼星

星曜屬性：**五行屬火**

今年布局方位：**南方**

開運重點：**人緣、感情、婚嫁、求子**

「右弼星」是與喜慶、吉事有關的星，大利貴人、桃花和子女運，有懷孕計畫的朋友，一定要好好布局此星的飛臨方位，或將此方位的房間做為主臥室，跟另一半同寢於此。此外，「右弼星」的喜慶能量也不局限於男女婚姻，對於家運、人緣也有很大的影響。

開運五行能量：**木行**

南方的五行能量為火，恰好生旺了右弼星的能量，但還要丟入樹枝才能使火焰更加旺盛、揮發熱情！所以我們可運用木生火的相生之力，而且木行本身也有繁衍、生生不息的寓意，有助於開枝散葉，兒孫滿堂，讓家中充滿富貴和樂的好磁場。

開運寶物推薦：**木雕擺件、東菱玉、螢石、孔雀石的開運樹或龍龜、枝葉繁盛的開運畫作等。**

part

2

2022 十二生肖
流年流月運勢大解析

2022 十二生肖總運分析 &
年度運勢排行榜

2022 十二生肖總運排行榜

王寅吉年生肖羊朋友得第一！紫微照耀萬事成，貴人喜事成雙來！

　　各位親愛的朋友，我是雨揚老師，告別疫情衝擊的辛丑年，終於要迎接壬寅年了！而十二生肖的運勢排行也將有所改變，到底哪個生肖在福虎年能如虎添翼，虎虎生風呢？又有哪些生肖受到的阻礙較多，需注意哪些地方，才能逢凶化吉呢？我將在書中逐一為大家揭曉！

　　從整體運勢來看，要恭喜生肖屬「羊」、「豬」、「牛」的朋友們，名列壬寅

年的好運前三名！羊朋友走出辛丑年的低谷後，將於新的一年迎來大吉星「紫微」與「龍德」貴人相助，終於能揚眉吐氣，邁向巔峰！緊隨其後的，則是生肖豬與生肖牛；豬朋友結束無吉星幫扶的困境，牛朋友則告別顛簸的太歲年，一起在嶄新的福虎年翻轉命運，迎向豐收！

至於排名較後面的朋友們也別太難過，生肖運勢雖有其根據，但每個人的運程好壞會受很多層面的影響。因此，我在書中特地針對每個生肖做提點，讓各位朋友能掌握先機，盡量避開災禍，平安度過難關。讓你在瞬息萬變的時代中，尋找到自己的定位，早日實現理想，讓人生更幸福美滿。

感謝各位朋友一直以來對我的支持，每年我都投入許多心力和時間來撰寫《開運大預言》，就是希望能夠以專業的命理知識幫助大家，趨吉避凶，得償所願。在此，我也祝福大家在壬寅年吉祥如意，財源滾滾，身心安康！

雨揚老師開運小叮嚀

生肖虎、猴、蛇、豬：安奉太歲，祈點光明，保佑終年順遂安康

太古時以天干地支紀年，六十年為一甲子，每年都有一位太歲將軍輪流掌管人間的吉凶禍福，是謂「六十甲子太歲星君」。2022壬寅年，將由賀諤大將軍當值太歲，若生肖與值年太歲相沖犯者，需於年初之際安奉太歲，以祈佑平安健康、事事順利。

壬寅年沖犯太歲有以下生肖：「虎」坐犯太歲、「猴」正沖太歲、「蛇」與「豬」偏沖太歲。這四個生肖流年運勢的起伏波折較多，易有不安動盪之事發生，最好於農曆正月十五日前，擇選吉日（可參閱「Part4 2022開運農民曆」，查詢宜祭祀、祈福之日）完成安太歲及點燈儀式，以趨吉避凶、化險為夷。亦可在家中祭拜太歲星君，或於佛堂、書房貼上太歲符祈請安康，並多參與祈福法會，有助於消災解厄，積累福報，護佑家運，祝願諸事吉祥安康。

到了年末，記得於農曆十二月廿四日早行「送神」儀式，備妥供品，以恭敬之心感謝諸神與太歲星君一年間的庇佑，祈望來年延續福澤、安穩運程。

※ 事務繁忙或不方便出門的朋友，也可以選擇近年盛行的線上點燈服務，誠心祈請，效力相同。

Rat

第 9 名

鼠

積極應對年

吉星｜驛馬
凶星｜孤辰、喪門、地喪

相較於去年常有貴人相助，今年凡事必須靠自己努力爭取，才會有所斬獲。當大環境變化快速，計畫往往趕不上變化時，你更要懂得發揮機敏的本性，才可以從激烈的競爭中勝出。此外，如何在家庭和事業中求取平衡，也是今年的重要課題，務必妥善分配時間和心力，才能兩者兼顧。

事業好運指數 ★★★

逢「驛馬星」入宮，今年是衝刺事業的好時機，多把握良機勤跑業務，或提出新穎的企畫構想，也可以發展副業，積極讓自己動起來，將更有利於發揮吉星的力量。或許你目前就職的行業正面臨轉型，例如從經營實體店面轉往電子商務發展，一開始你可能會因為不適應而倍感挫折，但只要你抱持開放的態度，多去進修相關課程，再加上隨時保持敏銳的觀察力，就可以漸入佳境。

財運好運指數 ★★★

財運時好時壞，雖然兼差可賺取額外的收入，但隨著開銷增多，實際上存下來的錢寥寥可數，讓你深深體悟到理財的重要性，開始主動了解各種投資工具，但切記做好風險控管，畢竟每一分錢都得之不易，寧願少賺也不要多賠。此外，面對親友的借貸，應量力而為，不要因為人情壓力就心軟答應，到頭來反而造成自己的經濟負擔。

愛情好運指數 ★★

愛情上充滿了考驗，單身者有機會遇到心儀的對象，且在個性上極為合拍，甚至有可能相識不久就決定交往。然而，在相處的過程中，將會遇到很多阻礙，像是因為彼此的工作性質不同，其中一方必須經常出差，面臨聚少離多的狀況，感情容易由濃轉淡，不易維繫。已有伴侶的鼠朋友，則可能因為公務繁忙，與另一半相處時常欠缺耐性，不是回話態度很敷衍，就是為一點小事動氣，影響兩人的和諧關係，必須多加改進。

功名好運指數 ★★

受到外在環境變動影響，讓你不容易靜下心來學習，導致成績差強人意，若想要考高分，就必須設法排除外務，將心思專注於課業上，才能擁有好的成效。在職的鼠朋友，爭取晉升會遇到不少阻礙，不是同事給你穿小鞋，就是主管對你百般挑剔，以至於你的努力被扣分，只能將心思放在持續培養實力上，待他日時來運轉，自然會有好的成果！

健康好運指數 ★★

工作及生活上的各式難題，令鼠朋友感到疲憊不堪，尤其你又求好心切，當事情無法面面俱到時，常給自己帶來莫大的壓力。建議你適時紓壓，可在家中找個舒適的空間嘗試靜坐冥想，或透過舒緩的瑜伽動作來放鬆身心。而當你在外奔波，結束忙碌的一天後，千萬不要將工作帶回家，應多留點時間給自己和家人。睡前一小時則放下手機，讓大腦充分放鬆，睡眠品質變好後，健康運也會跟著提升喔！

化煞小提點

今年受「喪門星」影響，容易心神不寧，且可能會遇到災禍，行事須謹慎。除了留意自身的精神狀態外，也要主動關心家中長輩的健康狀況，且盡量避免出入磁場不佳的場所，以免沾染晦氣。切記在開春時幫全家人點光明燈，祈願闔家平安順遂，或請供地母寶瓶回家，可提升家宅運勢，消災增福。

鼠

農曆流月運勢

事業 ★★
財運 ★★★
愛情 ★★
功名 ★★
健康 ★★
8、11、20

這個月將面臨許多突發狀況，可能是來自工作上的考驗，又或是親人遇到困難需協助處理，身上背負著經濟重擔與家庭責任，造成龐大的心理壓力，讓身心常處於焦慮的狀態。

善解人意的鼠朋友常常能替他人設身處地著想，甚至犧牲到自己的利益也在所不惜，有時候會因此攬下過多的工作，即使有些事務不屬於你的職務範圍，但因沒有人願意做，你看不下去就幫忙處理，把自己弄得相當忙碌。然而，不熟悉的領域，建議耐心地請教專家，別自己下判斷，不僅能預防出錯，亦能從中學習新的知識。

除了兼顧家庭與工作，你也要照顧好身體，尤其身為一家之主的鼠朋友千萬別累垮了，該休息時好好休息，不要硬撐，否則情況會變得更糟。

事業 ★★★
財運 ★★
愛情 ★★★★★
功名 ★★★
健康 ★★
鴻運日 6、23

過去所付出的努力將在此時開花結果，不管是愛情或是事業都有不錯的表現。無論遇到什麼困難，請一定要相信自己，再堅持一下，事情將開始好轉。

此外，請做好心理準備，主管可能會把最艱難的任務交派給你，要達成使命必須運用機智與過往的經驗，才能夠找出應對方法。過程可能會很辛苦，也會遇到很多挫敗，但你仍要主動找方法解決，才有機會成功。

感情方面也要找出應對之道，喜歡一個人就要讓對方知道，相信你的暖心攻勢會讓對方逐漸卸下心防，自然而然地發展成情侶關係。有伴侶的鼠朋友更要珍惜與另一半相處的每一刻，對方的默默支持，是你生活上的最大支柱。

3月 *March*

事業 ★★★★
財運 ★★★
愛情 ★★★★
功名 ★★★
健康 ★★★
鴻運日 13、24

因為一些特別的機緣，鼠朋友將獲得對事業十分有利的資訊，若是好好把握，將能帶來致富商機，也讓你有機會從默默無聞的職員躍升為職場上的重要人物。但你在上位之後，更要謹慎小心，不要一股腦地往前衝，以免犯錯而不自知。

在學習方面不要只是應付了事，可以多發揮自己的創意，像是在進行分組報告時，以一個特別的開場方式來吸引大家的注意力，再加上精美的編排、豐富生動的報告內容，自然能取得高分，也讓師長對你的表現刮目相看。

此外，在人際關係上，你可能遇到很強勢的人，對你提出許多不合理的要求，讓你感到很無奈，不過別因一時衝動而跟對方硬碰硬，凡事以大局為重，把關係弄糟了對你沒有好處，不如想辦法達成雙贏局面。

4月 *April*

事業 ★★★
財運 ★★
愛情 ★★★
功名 ★★
健康 ★★
鴻運日 12、18、24

面對層出不窮的各種棘手問題，即便你已使出渾身解數，還是應付不過來，讓你心力交瘁，眼看進度已難如期完成，又加上財務問題，讓你承受很大的壓力。

建議你要懂得尋求幫助，不要什麼工作都往身上攬，才能快速解決問題，雖然你不喜歡麻煩別人，但若遇到緊急狀況，又不想耽誤進度，就要懂得適時向旁人求助，而且透過團隊合作，大家互相幫忙，會比你一個人孤軍奮戰發揮更大的效益。

本月預期之外的開銷可能會增加，比方為了要答謝他人而買下昂貴的回禮，或是為了回報同事的加班幫忙，故請大家吃飯。因此，你在生活上的其他支出要再精簡一些，才能達到收支平衡，以免花費過了頭，讓你大喊吃不消。

5月 *May*
事業 ★★
財運 ★
愛情 ★★
功名 ★★
健康 ★
鴻運日 **2、14**

6月 *June*
事業 ★★★★
財運 ★★★★
愛情 ★★★★★
功名 ★★★★
健康 ★★★★★
鴻運日 **1、7、8**

奔走於家庭與工作之間的鼠朋友，近期鮮少有時間留給自己，就連吃飯也常被打斷，或是得一心多用，一下子要處理小孩之間的爭吵，一下子又要回覆客戶的留言，讓你的壓力指數快要爆表。建議你再忙再累，都還是要適時喘口氣，把工作放一邊，站起來動一動，做幾下深呼吸，放鬆身心。

近期牽扯到錢的問題，都必須小心處理，尤其不要與人合資做生意，或盲目跟風投資，稍有不慎，最後可能連本金都賠光。建議保守理財，投資事宜先暫緩，財務會慢慢好轉。

至於感情方面，最近可能隱約察覺到另一半有事情瞞著你，但又找不到原因，所以有些擔憂。與其胡亂猜想，不如找時間敞開心房好好溝通，化解掉不必要的猜疑，讓感情狀態更穩定。

經過一番努力，鼠朋友最近終於要出運了！先前困擾你的問題已逐漸獲得解決，剩下的事情只需要順勢而為，就能夠事半功倍，取得亮眼成績，讓你各方面都有斬獲。

你的心情將感到十分愉悅，連帶健康運也提升，好心情讓你看起來充滿元氣，不妨趁此時約同好一起報名運動課程，相信透過專業教練的指導，會讓你的身心保持在最佳狀態。

在感情方面，你開始懂得多傾聽另一半的意見，從服裝搭配到送給客戶的禮物，透過一來一往的互動，為感情生活增添不少情趣，也讓伴侶覺得自己備受尊重。至於單身者困擾的情感問題，也將在近期找到解答，讓你在追求愛情時更堅定，有機會讓戀情開花結果。

7月 *July*

事業 ★★★
財運 ★★
愛情 ★★★
功名 ★★★
健康 ★★
鴻運日 2、14、25

8月 *August*

事業 ★★★★
財運 ★★★★
愛情 ★★★★
功名 ★★★
健康 ★★★
鴻運日 21、26

在諸多凶星環繞之下，鼠朋友有種窒礙難行的感受，切記遇事勿慌張，否則情況將越來越糟。若想達成目標，要懂得借力使力，充分運用自己身邊的資源，才能夠順利突破阻礙，讓事情往好的方向發展。

在學習方面，有些容易混淆的重點，如果不複習，開學之後可能會跟不上新進度，到時候壓力更大，因此要多利用暑假時間，把不熟的地方學到會。如果擔心自己的毅力不夠，可主動找尋學伴或參加暑期補習。

因為要處理的事務又多又雜，難免有一心多用的情況，但在操作危險機具或騎車時，請盡量心無旁騖，別分心做其他事情，以防受傷。此外，如果從事必須開車奔波的工作，建議額外投保超額責任險，以免不慎撞上昂貴名車，必須負擔高額的賠償金。

在強大的貴人運加持下，很多問題都能迎刃而解，惹上的麻煩將有人出面幫忙善後，不至於造成嚴重的後果。而在接收到他人的幫助時，要懂得適時表達感謝，好運才會一直延續。

另外，在待人處事方面要保持客觀的態度，不可因為跟對方比較友好就特別通融，或是因旁人的搧風點火就對某個人提出嚴苛的要求，以免在職場上得到負評。妥善的應對進退，將有助於你在人際關係上的成長，連帶讓事業運跟著興旺。

這一陣子各方面的進展堪稱順利，尤其是感情，單身已久的鼠朋友，透過長輩的牽線，會遇到三觀契合的對象，相處起來特別融洽。即使你們來自不同背景，卻有很多共同的興趣嗜好，可以一起參與喜愛的活動，感情自然會與日俱增。

9月
September

事業 ★★★
財運 ★★
愛情 ★★★
功名 ★★★
健康 ★★
鴻運日 **11、26**

10月
October

事業 ★★★
財運 ★★★
愛情 ★★
功名 ★★
健康 ★
鴻運日 **10、18、30**

努力了許久，鼠朋友終於握有主導權，可以讓事務如你所願地運作。不過，假使遇到棘手的難題，建議聆聽過來人的建議，或者請他們出面協調，不要獨自面對，問題會更順遂地解決。

鼠朋友在事業上的付出，在同儕間評價甚高，也獲得主管的肯定，正因你深具實力，將會獲派更多艱難的工作。雖然剛接手時你覺得困難重重，甚至在過程中吃足苦頭，但只要冷靜應對，加上外力支援，必定能圓滿完成任務。

財運和健康運都稍弱了些，在投資方面要加倍謹慎，避開漲跌起伏過大的金融商品，如虛擬貨幣或市場炒作的飆股，萬一不小心虧損，不只損失本金，心情也會大受影響，甚至壓力大到睡不著覺，造成健康問題。

這個月呈現多勞多獲的狀態，尤其在事業和財運方面，必須以更積極的態度，嘗試不同的事情，才能得到更多報酬；若是停滯不前，就難以超越以往的成就。

而在努力之餘，也需多注意自己的身體狀況，雖然近期的你有更多接案的機會，讓你的收入增加，但要衡量自身的體力，如果身體不適，需要長時間走動或搬重物的工作最好都先婉拒，以免過勞或不慎受傷。

此外，近期某些鼠朋友可能會被派至外地出差，或在下班後參加進修課程，生活變得更忙碌，鮮少有時間陪伴家人。一些北漂工作的鼠朋友，甚至可能會忙到連假期都無法返鄉與家人團聚，記得要抽空與家人視訊，尤其要注重長輩的健康狀況，不時表達關心。

<table>
<tr><td rowspan="2">11月
November</td><td>事業 ★★★</td></tr>
</table>

11月 *November*

事業	★★★
財運	★★★
愛情	★★
功名	★★★
健康	★★
鴻運日	**16、21**

即使有嶄露頭角的機會，也要步步為營，別急著一步登天，才能通過考驗，得到合理的報酬。此外，鼠朋友最近還要隨時察言觀色，在適當的時機多做表現，提出卓越意見，將能創造升遷機會。

財運因你良好的工作表現而有所提升，在業績獎金上將大有斬獲，或是額外獲得老闆的獎勵。另外，在投資方面則不宜過貪，應設好停利停損點，不要過度樂觀，一直加碼投入資金，才不會從盈轉虧。

最近感情狀態有些力不從心，譬如你答應要陪另一半參加活動，卻因一些因素而爽約，讓對方不甚開心。若想有良性的溝通，一定要重視對方的感受，倘若真的忙到不能多陪伴，也要找時間讓對方明白你的難處，並適時準備精心禮物讓對方開心，有助於感情回溫。

12月 *December*

事業	★★★★
財運	★★★
愛情	★★★★
功名	★★★
健康	★★★
鴻運日	**10、23**

鼠朋友在這個月有不少助人與獲得他人助力的狀態，很多事情因為貴人的幫扶，所以能夠順利進展，並克服重重難關，最終達成目標。若想進一步提升業績，則要多利用團隊的優勢，與同事互相援助，就能創造最大的利潤，擁有亮眼的成果。

此外，這段期間內，家人也給予很多的支持和鼓勵，讓你更有信心去追求想要的一切，並帶來許多豐足的收穫。

除了和家人之間的關係變得更親密外，你和另一半的相處氣氛也越來越好，之前你可能覺得自己不被理解，每次想做什麼事情，對方總是不太贊同，但近期有機會跟另一半好好溝通，發現另一半只是怕你太辛苦，希望你多休息，體貼的心意讓你非常感動，感情也更加甜蜜。

第 3 名

牛　扭轉乾坤年

吉星｜太陽、紅鸞
凶星｜晦氣、天空、吞陷、劫煞、孤辰

度過了戰戰兢兢的太歲年，今年對牛朋友可說是極佳的轉運好年。在「太陽星」的加持下，牛朋友由內而外充滿自信光芒，魅力十足，只要你把握機會好好地展現自己，將會有豐碩的收穫。經手事務必細心處理，所有報表、合約都要反覆再三檢查，記住魔鬼藏在細節裡，以免一時粗心造成莫大損失。

事業好運指數 ★★★★

在職場上默默耕耘的牛朋友，今年將綻放耀眼的光芒，有機會被委以重任，負責大型的業務活動或承接重大專案，靠著你穩紮穩打的豐富經驗，以及勤奮付出的精神，必定能做出一番亮眼的成績。另外，今年你也很適合透過社群平台當直播主，憑著累積的人氣，將能順利拉抬銷售業績，享受名利雙收的成果。

財運好運指數 ★★★

在正財方面有優渥的進帳，良好的工作表現帶來豐沛的業績獎金，同時順利贏得加薪機會，為牛朋友增加不少財富。而在投資方面，則要格外謹慎留意，切記千萬不要因為旁人的慫恿或「報明牌」，一時衝動而投入大量資金，反而被套牢。建議在投資之前一定要先做足功課，以免造成追高殺低、虧損破財的悲情結果。

愛情好運指數 ★★★★★

今年迎來紅鸞星高照，牛朋友一定要好好把握這股滿滿的桃花能量！單身的牛朋友宜擴大交友圈，多多參加社團及聚會，結識新朋友，渾身散發獨特光采的你，將遇到各方面條件都契合的對象，墜入愛河且順利脫單。已有伴侶的牛朋友，雖可能因公出差而與另一半聚少離多，但距離無傷你們之間的感情，反因分享不同的生活點滴，讓彼此有聊不完的話題。

功名好運指數 ★★★★

今年牛朋友會展現強烈的求知欲，渴望獲得更多的知識及資訊。還是學子的牛朋友，可運用這股動力在學業上努力精進，考試時順利獲得佳績；而在職進修的牛朋友，則可因為額外學習語言或技能，累積更多的工作實力，讓你得到不錯的考績，並獲得升遷機會。此外，今年你也可以把握時機去考專業證照，有助於職涯發展。

健康好運指數 ★★★

健康方面較不穩定，忙碌的工作行程時常讓勤奮的牛朋友忘記休息，或者因繁重的壓力而睡不好，經常處於精神不濟的狀態，長期累積下來，對於工作及身心健康都造成非常大的影響。建議牛朋友在泡澡時，可以加入適量的薰衣草精油來讓自己放鬆，也可以在睡前進行打坐冥想，有助於安定心神，緩解一整天的緊繃情緒，進而擁有良好的睡眠品質。

化煞小提點

「天空星」的特性很特別，除了化空凶星帶來的煞氣外，也會減弱吉星的助力。此外，「天空星」會影響一個人的做事態度，容易過於理想化，空有雄心壯志卻缺乏堅決的信念去落實，常發生虎頭蛇尾的情形。建議於家中及工作場所掛一幅《心經》作品，或隨身佩戴轉經輪飾品，透過經文堅定且殊勝的力量，消除煩惱罣礙，心想事成。

牛

農曆流月運勢

1月 January

事業 ★★★★
財運 ★★★
愛情 ★★★★★
功名 ★★★★
健康 ★★★
鴻運日 13、21

牛朋友在這個月會感到朝氣十足，無論在學業、事業上都將一掃低迷。精氣神的提升，讓你的行動力更旺盛，且在吉星相助下，你的亮點會更出色，所到之處常能吸引眾人的目光，若能把握此良機展現才能，前途將不可限量。

渴望脫單的牛朋友，本月的桃花能量旺盛，建議常參與社團活動或聚會，有機會認識許多條件優秀的新朋友，甚至遇到相繫一生的真愛。而有伴侶的牛朋友，最近可望把累積多時的誤會說開，彼此更為體諒，情感更密切。

健康運稍弱，你勤於工作而廢寢忘食，請多注意身體發出的警訊，像是加班至深夜，感覺精神超過負荷時，盡量避免自行駕車，改搭乘計程車回家，以免發生交通意外。

2月 February

事業 ★★
財運 ★★
愛情 ★★★
功名 ★★
健康 ★★
鴻運日 6、15

職場上的風波不斷，面臨接二連三的突發事件，像是生產線的機械突然故障，延誤商品的出貨期限，或是原先決議的內容臨時被否決，需要重新構思發想等等，種種不順心的事情，讓你感到應接不暇、疲憊萬分。此時更需冷靜面對，區分輕重緩急，不宜過度衝動或太急躁，才能讓所有事務圓滿完工。

工作上的諸多衝擊連帶影響健康，使你經常處於焦慮中，不時感到呼吸困難、頭暈目眩。這時應先放下手邊的事務，試著深呼吸，或者聳聳肩、轉轉腰，放鬆後再回頭解決問題，思緒才會清晰，找到將危機變成轉機的方法。

此外，長輩的身體狀況也要格外注重，尤其是罹患慢性病的長者，更要細心關照他的健康情形。

3月 March	事業 ★★★★ 財運 ★★★ 愛情 ★★★★ 功名 ★★★ 健康 ★★★ 鴻運日 **13、22**

4月 April	事業 ★★★★ 財運 ★★★★ 愛情 ★★★★ 功名 ★★★ 健康 ★★★ 鴻運日 **11、20、23**

本月的工作運勢回復平穩，先前遇到的難題大部分都有解決方案，也順利運作，逐步回歸正軌。此外，這個月將有女性貴人相助，讓你順利走出困局，以更積極的作為排除萬難，順利達成預期中的目標。

近期也很有偏財運，有投資習慣的朋友，可趁此時機好好研究市場動態，掌握最好的時間點進場，將能獲得豐厚的利潤。另外，也可以去買彩券或對發票，可能會有意外的驚喜。

感情運頗佳，有心儀對象的牛朋友，需更積極地展現優點，適當地向對方表現關懷，讓對方接收到你的心意，使彼此關係有所進展；有伴者可趁休假期間，與伴侶安排一趟輕旅行，轉換一下情境，為兩人世界帶來不一樣的新鮮感，讓戀情更加保溫。

對牛朋友來說，近期的職場運勢可說是福禍參半，有一些機會能讓你拓展人脈，因而推動你長久規劃的案子，在多方的資源合作下，達到比預期更好的成果，並獲得上司的肯定，有機會拔擢你擔任要職。

但同時間，在工作上出現不少競爭者，當你拚命往前衝刺的時候，也有不少流言蜚語在背後流竄，但只要你發揮沉穩的特點，不隨之起舞，也不因這些言語而影響情緒，將心思專注於提升實力上，就能持續地往目標前進。

近期也是牛朋友累積財富的時機，受到吉星的加持，從事業務工作的朋友，將會因業績不斷攀升而獲得豐沛的獎金。同時間，也有些人能獲得開闢財源的兼職機會，讓你的收入加倍。

事業 ★★★
財運 ★★
愛情 ★★★
功名 ★★★
健康 ★★
鴻運日 3、6、14

　　這個月將會遇到職涯中的重要貴人，對方對你踏實的工作方式，以及認真負責的態度相當賞識，願意推薦你到大企業任職，並且將身邊的人脈一一引薦給你，擴大你的事業版圖，前途一片光明。

　　不過，財運卻稍微疲弱一些，可能會受網路平台的詐騙廣告吸引而買到贋品，之後又投訴無門。在投資理財上，更要分外謹慎，切莫太過樂觀而挹注大量資金在某個投資標的上，小心可能會被套牢。

　　就學中的牛朋友，近期是提升課業成績的好時機。你有機會得到名師的指點，順利補強某些較弱的學習科目。另外，在職中的牛朋友下班後可報名增進職場技能的相關課程，提高自我競爭力，在職場上就能擁有更亮眼的表現。

事業 ★★★
財運 ★★
愛情 ★★
功名 ★★
健康 ★★★
鴻運日 8、12、21

　　事業上隱藏不少危機，主要來自於合作團隊的意見不一，且又各持己見，讓一些討論多時的企畫案遲遲無法結案。雖然牛朋友亟欲解決問題，但現階段必須力求人和，才能讓事情順利進展。建議你除了花時間傾聽同事們的心聲，整合大家的意見外，還需適時地向內部有力人士求助，請對方出面協調，達到團隊的共識。

　　工作上的壓力也影響你的情感關係，單身的牛朋友原本有喜愛的對象，卻因忙到沒時間跟對方交流，讓彼此的關係漸行漸遠；而有伴侶的牛朋友，最近跟另一半的相處也不甚平靜，你無時無刻都在思考公司的事務，忽略伴侶的心聲，讓你們的關係為之降溫。建議你將工作和生活劃分清楚，才能好好地維繫感情。

7月 July	事業 ★★★★★ 財運 ★★★★★ 愛情 ★★★★ 功名 ★★★★ 健康 ★★★★ 鴻運日 2、11、23

這個月的事業運勢高漲，十分順遂，讓牛朋友每天都活力充沛，全神貫注地在工作上大力衝刺。想創業的牛朋友，此時將有貴人相助而獲得豐沛的資金，順利開展夢想，再加上精準靈活的行銷手法，讓銷售中的商品得到許多正面回響，不但打響品牌知名度，業績也不斷攀升。

最近的進財也相當豐厚，除了正職所帶來的獎金外，還因投資操作得宜而獲得大筆利潤。無論是做藝術投資，還是買賣房地產，近期都將有極佳的獲利，累積優渥的財富。

相較於工作運及財運，健康運稍弱一些。由於用腦過度，近期有腦神經衰弱的現象，經常偏頭痛或暈眩，建議隨身攜帶滾珠精油，適時地塗抹在額頭或穴道部位，改善不舒服的狀況。

8月 August	事業 ★★★ 財運 ★★★★ 愛情 ★★★ 功名 ★★★ 健康 ★★★ 鴻運日 1、6、21

延續上個月的氣勢，這個月牛朋友將持續開疆闢土，伸出更多的觸角，讓事業版圖更加壯大。想衝刺業績的人可以順利開拓新客源，並推出造型新穎且功能性十足的暢銷商品，獲得消費者的肯定。

從事創意工作的人，則會發現自己的靈感豐沛，作品成果亮眼出色，備受客戶青睞。另外，你也會發現在這個月中，縱然有些卡關，最終總能獲得貴人相助，順利地過關斬將，克服問題並達成目標。

在課業上學習效果不彰的牛朋友，這個月可以妥善運用你的貴人好運，多向學長姐或成績優秀的同學請益，你將會有茅塞頓開的感覺，積弱多時的科目得以改善，再加上考運不錯，將可贏得超越過往的好成績。

9月 September

事業 ★★★★
財運 ★★★
愛情 ★★★
功名 ★★
健康 ★★★
鴻運日 **4**

近來一些奇特的機緣，將牽引牛朋友開展有別於以往的道路，例如近期你將會應徵到一份新職位，跟過往的工作大異其趣，讓你的人生就此轉向。又或者你有出國進修、搬遷至外地的機會，因此結識不一樣的人脈，或是告別舊戀情，跟新對象燃起愛火。種種的嶄新氣象，讓你的生活有種耳目一新的感受。

這個階段對牛朋友來說，也是某種起步期，假使你急於在財務上立即有大躍進，可能會有些小失望，但其實只要你保持耐心，持續培養實力，相信不久後，你會因工作上的大進展而擁有豐沛的進財。

此外，需特別留意人際關係，某些有心人士會拿你的話語小題大作，曲解你的本意，為了不要捲入紛爭中，近期的牛朋友盡量謹言慎行，小心為上。

10月 October

事業 ★★★
財運 ★★
愛情 ★★★
功名 ★★
健康 ★★
鴻運日 **10、14、26**

最近牛朋友渴望求新求變，在同一個職場上工作數年的你，有可能在近期毅然決然離職，給自己一段時間好好沉澱，思索未來，過陣子再重新出發。也有些牛朋友下班後再進修，希望多學習一種語言或接受更多的職能訓練，在未來的工作上有更截然不同的表現。

金錢上的支出不少，由於生活狀態改變，讓你開銷增多，像是搬家的裝修費，或是因為新工作地點較遠，必須購買車子代步等等。其他生活支出建議更加精簡，才不致入不敷出。

健康狀況稍差，你因思慮過多而睡不好，白天時也常處於緊張狀態中，對你的身心能量消耗甚多。每天給自己一些時間靜坐冥想，讓情緒好好放鬆。

11 月
November

事業 ★★★★
財運 ★★★
愛情 ★★★
功名 ★★★
健康 ★★
鴻運日 5、16、25

這個月的牛朋友處於人和事順的狀態，你規劃許久的計畫，在近期得以順利進展。在職場上，你也因為懂得傾聽且尊重同事而獲得極佳的人緣，讓你在跨部門溝通時，順暢無礙。而你的圓融處事態度，也受到主管的肯定，賦予你更多重責大任，期盼你能凝聚同事間的共識，打造優秀的團隊。

你凡事求好心切，內心常有種無法形容的孤單，建議假日多跟朋友餐敘或出遊，以友誼化解你的寂寞感。

感情運相當順遂，單身的牛朋友可望在這個月脫單成功，只要你把握機會跟心儀對象告白，將獲得對方的正面回應，雙方開始交往。有伴侶的牛朋友最近樂於與另一半分享喜怒哀樂，讓溝通無礙的兩人世界更為甜蜜。

12 月
December

事業 ★★
財運 ★★
愛情 ★★★
功名 ★★
健康 ★★
鴻運日 3、20、23

這個月遇到較多突發事件，其中不少讓牛朋友跌破眼鏡的狀況，例如已經談定八成的合作案，因為另一方的財務出問題而不得不停擺；或者想創業的牛朋友，店面都找好了，結果資金周轉出了點狀況，讓開店時程不得不延後。種種意料之外的狀況，讓牛朋友一個頭兩個大。建議你先別慌張，冷靜下來看清局勢，逐一解決問題，將大有機會逆轉勝，化解所有的難關。

金錢運勢低落，有投資習慣的牛朋友，這陣子絕對要保守為宜，期待越大，失望有可能越深。對於一些不熟悉的投資標的，切莫因人云亦云，就想跟風嘗試，結果可能會讓你得不償失。另外，生活上需要應急的花費不少，一定要做好財務分配，以免左支右絀。

Tiger

第 12 名

虎 低調沉潛年

吉星｜無

凶星｜伏尸、劍鋒、太歲、披頭、地煞

相較於去年有吉星守護，今年對於虎朋友來說，則是需要面臨無數考驗及挑戰的太歲之年，再加上凶星的影響，讓向來自信滿滿的虎朋友倍感衝擊，行事上阻礙多，健康狀態也不盡理想。建議虎朋友今年切勿凡事衝過頭，收斂外放的性格，且要注重身心平衡，養精蓄銳，為下一個好時機做準備。

事業好運指數 ★

虎朋友今年在職場上要提高警覺，受到「太歲星」的影響，原本你充滿敏捷熱忱的職場優勢，在今年可能會變成落入陷阱的缺點。凡事不要一意孤行，更不要跟同事起衝突，若沒有提升自己的情商，將會因人事失和而導致計畫無法推動。記住「宜守不宜攻」這句話，保持低調，切記不要強出頭，以免陷入職場鬥爭的紛擾中。

財運好運指數 ★★

今年的財務狀況不佳，要避免借貸給他人，或是與他人合股投資，容易引起帳目不清等糾紛。另外，受到諸凶星影響，虎朋友今年不適合進行大額投資，很可能因過度自信而誤判情勢，導致最後虧損收場。而在開銷部分，也要盡可能地量入為出，降低衝動購物的欲望，多累積正確的理財知識及做好財務規劃，才有機會守住錢財。

愛情好運指數 ★★

受到凶星進駐影響，今年的桃花運偏弱，單身者雖然努力想開展新戀情，但可惜「落花有意、流水無情」，你心儀的對象對你沒有心動的感覺，落得單相思。有伴者則因為生活壓力過大，常動輒遷怒另一半，導致兩人關係降至冰點，甚至有可能就此分道揚鑣。若想挽回關係，切記穩住自己的情緒，避免陷入惡性循環中。

功名好運指數 ★★

仍是學子的虎朋友，考運欠缺吉星相助，不是你猜的題目多半沒有中，就是臨場應試時，突然身體感到不適而失常。要避免這樣的狀況發生，考前要多注意保養身體，懂得適時紓壓，盡量放鬆身心。上班族的虎朋友，今年不容易爭取到升官機會，除了競爭者眾多外，也難遇到貴人提拔相助，無法獲得上司的肯定。

健康好運指數 ★★

受到「地煞星」影響，虎朋友今年常感到自己處於某種透支狀態，不是內心承受的壓力幾近潰堤，就是經常熬夜加班使身心俱疲，隨時處於硬撐緊繃狀態，很容易因免疫力下滑而不小心罹患感冒。建議虎朋友平日宜多攝取新鮮蔬果，或飲用檸檬多酚來調理身體，也可學習氣功、瑜伽來平衡身心狀態。

化煞小提點

遇到「太歲星」入駐，今年你在做事上容易遭到阻礙，但「太歲星」的影響通常是大好大壞，只要懂得適時轉念，以樂觀態度面對難關，就可以化阻力為助力，逆轉勝而獲得成功。建議年初時到廟宇或利用線上服務安太歲，並隨身攜帶太歲符或有吉祥圖騰的福袋，以求平安健康，諸事順遂。

虎

農曆流月運勢

1月
January

事業 ★
財運 ★★
愛情 ★★
功名 ★★
健康 ★
鴻運日 14、22、26

近期生活上的波折不斷，總是事與願違，想在事業上有所突破，卻可能不小心誤觸同事底線，反而涉入不同派系的紛爭中，讓你飽受批評。此外，想要求職的虎朋友也是處處碰壁，丟出去的履歷常石沉大海，讓你非常挫折。

工作上的壓力連帶影響情緒，恐因一時衝動就在眾人面前失控，摔東西或拉大嗓門吵架，搞得一發不可收拾。

這種負面情緒也會牽連到感情生活，常因心情不佳而在伴侶面前掛張臭臉，或為一點小事就爭論不休，嚴重影響關係的和諧。此時不妨獨自進行一趟小旅行，釐清思緒並放鬆身心；或許度完假，你對事情的看法會有所不同，比

較能心平氣和地待人處事。

2月
February

事業 ★★★
財運 ★★★
愛情 ★★★
功名 ★★★★
健康 ★★★
鴻運日 8、20

近期的生活步調較為平穩，在吉星眷顧之下，運勢得以提升，可藉此機會順勢而為，加上你的精神與體力狀態都比上個月更佳，且職場運也一反先前的波折，開始變得順遂，可以趁此機會思考更多的創新做法，並以積極的行動力來吸引同事和主管的支持。

在事務運作上，有許多細節需與人溝通磨合，建議虎朋友勿在此時過於躁進或一廂情願地往前衝，放下強烈的自我意識，以同理心來溝通，並聽取過來人的建議，會讓你在執行事務時擁有更客觀的拿捏及判斷。

財運上也較為好轉，做業務的虎朋友，近期可望拓展客源，讓業績開始上揚。就學中的虎朋友，近期的學習績效相當不錯，可趁勢好好衝刺，在考場上拿高分，順利獲得好成績。

3月 *March*

事業	★★
財運	★★
愛情	★★
功名	★
健康	★★
鴻運日	**4、23**

這個月出現許多突如其來的意外事件，導致原本的計畫無法順利進行，不但忙得焦頭爛額，周遭的助緣又少，只能硬著頭皮獨撐場面，在驚濤駭浪中努力求生存，幸好虎朋友的意志力相當堅定，能靠著韌性順利過關。

生活上的種種壓力，讓你常陷入「報復性紓壓」的方式，例如在夜深人靜時大啖宵夜，或者躺在沙發上動也不動地追劇、玩手機，混到很晚才入睡。不僅消化系統出毛病，隔日也常精神不濟。建議你適時地自我管控，可以嘗試靜坐冥想，讓自己放空，也可以讓情緒變得更穩定，才不會拖垮身體。

除了留意自己的健康狀況，長輩們的身體也要多關照，定期帶長輩做健康檢查，預防勝於治療，才不致造成日後的遺憾。

4月 *April*

事業	★★★
財運	★★★★
愛情	★★★
功名	★★
健康	★★
鴻運日	**9、20**

在職場上將遇到重要的女性貴人，幫助你推動醞釀已久的專案，並獲得外部廠商的協助，讓你能把油門踩到底，努力在事業上衝刺，因此獲得升官加薪的機會。另外，此時也是進修的良機，想學習更多技能及增進專業知識，可以好好把握時機。

財運相當順遂，有機會遇到對投資理財頗有見解的長輩，給予明確的投資方向及客觀的建議，讓你更懂得資金調配，並在進場後賺進豐厚的利潤。

感情生活較過往更精采，單身的虎朋友在最近會遇到熱情的追求者，跟對方相處之後感覺良好，可望迅速開展戀情。至於已有伴侶的虎朋友，也會在近期跟另一半培養出共同的嗜好，讓彼此的感情更緊密。

★★★★
★★★★
★★★
★★★
★★★
3、4、12

這個月各方面運勢都大幅度地提升，虎朋友將可獲得更自由的發揮空間，揮灑出更多令人驚艷的創意，並得到眾人的讚賞。公司的高層也會看到你逐漸增長的實力，而將重要任務委由你執行。建議一定要好好把握這個機會，運用你的熱忱，積極發揮領導能力，將可讓你突破以往的格局，獲得更顯著的成果。

在運勢轉佳的情況下，虎朋友整個人顯得神清氣爽，健康狀況也較以往來得更佳，建議趁此時培養良好的運動習慣，假日更不要宅在家中，到郊外走走，接觸大自然可讓你的身心靈更愉悅，充滿活力。

仍為學子的虎朋友，近期有機會獲得良師指點，讓較弱的科目得以補強，再加上你旺盛的求知欲，將能大大改善課業成績。

6月

June

事業 ★★★
財運 ★★
愛情 ★★★★
功名 ★★★
健康 ★★
鴻運日 10、21

近期將獲得前往異地發展或賺取遠方財的機會，一開始你或許有些排斥，希望能安於現狀，但在周遭親友的鼓勵下，最後仍願大膽一試。從事電子商務的虎朋友，更可以善用你的行銷能力，在網路上打響知名度，並獲得更多海外訂單，賺取更多的報酬。

另外，有些虎朋友因為新職位的變遷，有機會前往陌生的國度或城市發展，但一開始有些難以適應，心情容易起伏不定，導致夜晚難以入眠，建議你睡前可以多聽輕柔的音樂或點精油燈，提升睡眠品質。

感情上雖然聚少離多，卻依然保有甜蜜。非常重視另一半感受的虎朋友，即使人在異地，得空就與伴侶分享工作及生活上的點點滴滴，讓兩顆心依然緊密相繫。

事業 ★★★★
財運 ★★
愛情 ★★★
功名 ★★★
健康 ★★
鴻運日 15、24

這個月在事業上充滿諸多變數，但好在近期有貴人運，讓虎朋友卡關時，總是能獲得前輩或上司的支援，順利化險為夷，維持平穩的成績。另外，此時也是你發揮靈活創意的好時機，不要擔心想法太過新穎，越是標新立異，越能讓你從諸多競爭者中脫穎而出，展現亮眼的成績。

財務上要格外留意，受到凶星影響，這個月在金錢上的消耗會比較嚴重。比方說，你可能會有一些大型家電損壞，不得不花錢換新，又或者住宅漏水，讓你必須花大錢修整。

為了讓收支平衡，此時的虎朋友一定要精簡開銷，省下不必要的花費，才能隨時應急。而在投資理財上也不宜過度衝動，此時你容易誤判，高估自己的收益，結果卻導致虧損連連。

事業 ★★★★★
財運 ★★★★
愛情 ★★★
功名 ★★★★
健康 ★★★
鴻運日 12、23

近期的虎朋友在事業上有大進展，讓你整個人由內而外散發出耀眼的自信光采。虎朋友一向擁有獨特的夢想，只是欠缺機運，而在這個月中將會有意想不到的機緣，例如開跨部門主管會議時，突然共同推舉你承接一項頗有前瞻性的案件，並提供你經費及資源。

另外，想創業的虎朋友，此時也將獲得貴人的大力支持，順利得到一筆豐沛的資金，讓你得以實現夢想；再加上你敏銳的市場嗅覺，必定能讓商品熱賣，獲得豐厚的進帳。

雖然工作及財運都有大躍進，但感情運卻稍弱一點。單身的虎朋友若想擁有好姻緣，自我意識不可高漲，以免讓心儀對象覺得你太高傲，反而與你保持距離。有伴侶的虎朋友在跟伴侶溝通時要多修飾言辭，以免太過嚴厲，傷了對方的心。

9月 *September*

事業 ★★★
財運 ★★★
愛情 ★★★★
功名 ★★★
健康 ★★
鴻運日 **4、5、25**

經過前陣子的衝刺，虎朋友會感到整體生活步調慢了下來，事業和家庭有如槓桿的兩端，先前重心過於偏向工作，隨著時間流轉，經手的案件漸漸熟悉，持續穩定中求發展外，你也開始靜下心來思考自己的人生方向。

對虎朋友來說，此刻的你開始思索心靈層次的問題，並更在乎家人的感受，希望減少應酬及加班次數，多花時間上一些心靈成長課程，或閱讀可以增長靈性的好書，抑或與家人相伴，享受親情的溫暖。

這個月外出時需格外注意交通安全，尤其是天候不佳仍必須駕車的時候，或天雨路滑時過馬路，都要提高警覺，看清楚身邊的車況，並切記不要一邊走路一邊回覆手機訊息，以免不小心發生車禍意外。

10月 *October*

事業 ★★★
財運 ★★★
愛情 ★★★
功名 ★★
健康 ★★★
鴻運日 **8、11、23**

近期許久未見的老同事或老同學與你聯繫，他們提供一些對你事業有幫助的資訊，例如介紹某個重要的廠商，讓你有機會跟對方展開異業合作，或者幫你牽線認識某些客戶，拓展業務。雖然擁有良好的貴人運，但也要小心同儕間的流言蜚語，比方說有人批評你實力不足，靠關係才能往上爬，讓你非常氣憤，但千萬不要失控發怒，冷靜地應對進退，時間自然會證明一切。

就學中的虎朋友，也可能會遇上被同學排擠、中傷等事情，你可能會因此而心情不佳，導致學習成效落後，考試成績不理想。若想要改善此狀況，就必須把心思專注於課業上，降低別人的言語影響，才有可能取得佳績。

11 月
事業 ★★
財運 ★★
愛情 ★★★
功名 ★★
健康 ★★
鴻運日 5、14

一心想往前衝的虎朋友，在這個月中會遭遇許多瓶頸，有些原本進行中的事務突然被中斷，導致主管對你頗有微詞，甚至有意將你降職減薪，讓你感到沮喪不已。此外，當業務的虎朋友最近也是狀況連連，原本以為十拿九穩的訂單，竟然再度生變，對方打算跟其他廠商合作，讓你的心情跌落谷底。

工作上種種的不順，常讓虎朋友處於低迷的氛圍裡，精神也較為渙散，日常通勤需格外留神，不要因恍神而造成交通意外。下班後盡量讓自己放鬆，可以去做 SPA 按摩，調解一下情緒。

感情上也不要因負面情緒的影響，造成與另一半間的關係生變。虎朋友常把內心的壓力發洩在伴侶身上，若要維繫融洽的關係，就要收斂脾氣，以理性的方式好好溝通。

12 月
事業 ★★★★
財運 ★★★
愛情 ★★★★
功名 ★★★
健康 ★★
鴻運日 12、21

近期虎朋友的運氣頗為順遂，生活中充滿驚喜，比方說某個失聯已久的朋友又與你聯絡，或是某個被否定的企畫案，再度在某位高層的支持下死灰復燃，讓你重拾信心卯足全力地衝刺，在團隊共同的努力下，獲得亮眼的成績。

愛情運勢格外順利，單身的虎朋友在這個月中，會透過網路或交友 APP 認識優質的對象，且對方跟你興趣相投，在深入交流後越發覺得心靈相契，順利成為戀人。有伴侶的虎朋友與另一半溝通順暢，還有可能為家中增添新成員，迎接另一個嶄新的人生階段。

健康上要多留心，過度操勞容易讓你沒時間整理居家環境，造成家中灰塵過多，引發氣管方面的疾病，定期確實清理，狀況才會好轉。

Rabbit

第 8 名

兔 自信迎戰年

吉星｜陌越

凶星｜亡神、病符、天官符

在經歷去年諸多考驗之後，今年的兔朋友意識到自己必須更加主動出擊，努力追求改變，才能夠更進一步實現夢想。因此，有些兔朋友會轉換新的職場，也有些人會選擇遠赴他鄉，繼續進修或者到外地工作，這些改變都將讓你走向有別以往的人生道路，迎接嶄新的挑戰。

事業好運指數 ★★★

今年在事業上雖然有較大的異動，但行事謹慎的兔朋友，在面對周遭環境變化時，總能以冷靜的思維來評估情勢，這也幫助你在工作表現上更平穩順遂，不會因身處新環境而感到水土不服，或者因經手新事務而感到心慌意亂。另外，今年你也有機會遇到遠道而來的貴人，幫助你在事業上開拓更多商機，讓你的業績表現更加亮眼！

財運好運指數 ★★★

今年對兔朋友而言，是個賺錢的大好年，除了正財收入優渥外，也會在投資市場上大有斬獲。只要你理性分析市場走向，並且抓準時機進場，便可從中賺得豐厚的利潤，但假使你一直猶豫不決，就可能錯失好買點。而在房地產投資上，也有機會購得性價比高的標的，或順利出售旗下的房產。可多關注房市狀態，將大有收穫。

愛情好運指數 ★★★

感情運頗為暢旺，今年的兔朋友有機會跳脫以往的交友圈，結識來自不同環境的新朋友，不僅打開視野，也為生活注入新火花。其中會出現對你心生好感的追求者，不妨試著跟對方交往看看。有伴的兔朋友則與另一半感情甜蜜，藉由一塊學習線上課程或共同參與運動社團，讓彼此更加心靈相契，享受更多生活上的樂趣。

功名好運指數 ★★

對就學中的兔朋友來說，今年的成績表現常不盡理想，你同時兼顧各種社團活動，經常沒有充分的時間 K 書，加上雜務一多，很容易忘東忘西，學過的東西轉眼就還給老師，難以在考試時拿高分。而上班族的朋友，若想獲得升遷，必須再耐心等候，也許你的主管還想再測試一下你的實力，等表現更出色時，自然會予以晉升。

健康好運指數 ★★

受「病符星」影響，今年的兔寶寶明顯感到健康狀況變差，原本不太容易感冒的人，卻經常流鼻水、咳嗽。而這些往往都是長期壓力所造成的，必須多注意飲食作息，疲勞時應適度休息。尤其是頻繁加班或出差的兔寶寶，生理時鐘可能會有些失調，除了力求營養均衡外，也要保持充足的睡眠，建議睡前聆聽柔和的輕音樂，並以薰香淨化磁場，有助於穩定思緒，讓你一夜好眠。

化煞小提點

「病符星」是影響健康的凶星，易帶來疾病和傷痛，應多加留意身心狀況。切記作息規律，盡量少熬夜，讓自己睡滿 6～8 小時，並要攝取足夠的營養，才能維持好健康。此外，也要多注重個人衛生，隨身攜帶茶樹精油噴霧來清潔手部，防止細菌侵擾；或時常點燃環香淨化空間，改善磁場，提升好運。

兔

Rabbit

農曆流月運勢

1月
January
事業 ★★★
財運 ★★
愛情 ★★
功名 ★★
健康 ★★
鴻運日 11、14

受到大環境的影響，兔朋友會想趁著年輕時轉換跑道或出國唸書，如果條件允許，不妨付諸行動。雖然剛開始適應新生活，難免會有壓力，但只要懂得調適心情，日子就會越過越舒心。

財運會隨著你的改變而逐漸攀升，由於你很願意挑戰自我，不因眼前的成就自滿，你深知市場競爭激烈，所以一直努力研發更獨創的產品，不斷推出新企畫案，反覆調整，期望創造更好的業績，替公司帶來更多收益。

你的生活變得更忙碌，不僅要經常出差，就連休假日也不得閒，不斷地加班，導致健康狀況每下愈況，長時間盯著手機回覆留言或看著電腦螢幕工作，讓你的眼睛常感乾澀，也容易頭暈目眩，除了適量補充營養品，也要適度休息。

2月
February
事業 ★★★
財運 ★★★★
愛情 ★★
功名 ★★
健康 ★★
鴻運日 20

雖然手中掌有大權，但同時也要面對各界的壓力。在做決策時，兔朋友必須要考慮得更周全，以免因一時疏漏而引發其他問題。參考各方建議後若有明確的定案，便可以大刀闊斧地進行改革，展現更多的創新靈感。

財庫豐滿，除了正財收入外，在偏財上也有優渥的進帳。近期你順利得悉某些投資市場的專業分析，幫助你在進場時機的判斷上更加精準，如預期般獲得大豐收，增加被動收入。

感情運較為吃力，單身的兔朋友在面對心儀對象時常不敢表現自己，過度內斂讓你與對方欠缺交流的火花。有伴侶的兔朋友因工作繁忙，無法抽空陪伴另一半，雙方各自忙碌，無暇好好傾聽對方的心聲，讓兩人關係有些疏遠。

事業 ★★★★
財運 ★★★
愛情 ★★★
功名 ★★★★
健康 ★★★
鴻運日 4、24

最近身邊將出現重要的貴人，對你的事業發展提供非常具建設性的建議，幫助你打破現有的格局，探索有別以往的創新領域。例如你一直承襲家傳的實體店面，如今開始跟外部行銷單位合作，展開網路銷售計畫，逐漸轉型並從電子商務中獲利豐沛。

此外，這個月也是兔朋友展現個人風采的極佳時機。你可以嘗試透過自媒體的平台累積人氣，將能獲得眾多網友支持，你推銷的商品也跟著銷量大增。

除了在職場有所突破外，任何跟學習進修有關的活動，兔朋友也有機會參與其中，與各個領域的優秀人才交流，掌握新趨勢、吸收新知識，獲益匪淺。至於求學中的兔朋友，可透過新的學習方式獲得成效，順利考得佳績。

事業 ★★★
財運 ★★
愛情 ★★
功名 ★★
健康 ★★
鴻運日 9、10、18

這個月在生活中會出現諸多考驗，讓兔朋友忙碌不已，但好在越忙收穫越多，雖然行程表常處於滿檔狀態，卻讓你感到非常充實，也越忙越開心。然而，由於經手的事務太多，有些細節無暇顧及，建議你要適時地與同事合作，一起檢視所有的流程，以免有疏漏，造成日後的損失。

另外，這個月兔朋友有機會被授予開拓新市場的重責大任，建議你在接觸新的客戶及產業前要多做功課，了解對方的喜惡及不同產業的特殊性，在溝通互動時才能獲得對方的共鳴。

由於過度忙碌奔波，兔朋友常處於休息不足的狀態，抵抗力也較差，一不小心罹患感冒。建議你一旦發現身體不適要及早就醫，切勿硬撐，以防小病成大病。

	事業	★★★
	財運	★★★★
	愛情	★★★★★
	功名	★★★
	健康	★★★
	鴻運日	4、28

這個月處於好運強勢回歸時期，在事業及感情上都有極佳的發展，且有一些驚喜好運降臨，例如昔日的上司到新公司任職後回頭挖角，希望你加入他的新團隊，待遇跟職位都非常符合你的需求；又或者你終於應徵上夢寐以求的工作，懷著雄心壯志進入新職場，準備大展身手。

愛情生活甜美，本身桃花運就頗佳的兔朋友，這個月可望從眾多的追求者中，挑選出可以共度一生的伴侶。對方的個性溫和，且非常善解人意，對敏感纖細的兔朋友來說，是難能可貴的對象。而有伴侶的兔朋友，近期與另一半間的關係和樂，即使忙得不可開交，你也不會忘記關心對方，並樂於做最佳的傾聽者，讓對方倍感溫暖，彼此間的關係如膠似漆。

	事業	★★★★
	財運	★★★
	愛情	★★
	功名	★★★
	健康	★★★
	鴻運日	7、10

運勢持續上揚，職場上的發揮空間大為增加，兔朋友出色的創意及靈活的點子，讓你博得眾人的喝采，成為公司下半年主打的行銷方案，贏得主管的讚賞並有升官加薪的機會。

除了在工作上得以發揮創造力外，也要適時展現領導力，確實掌握下屬的工作進度，讓每個人都能盡情發揮強項，展現優秀的團隊精神，完美地緊扣每個環節，流暢地完成進度。至於仍是學子的兔朋友，近期的學習成效相當出色，有望在重要考試中取得高分，讓自己更上層樓。

健康運勢要特別留意，受到凶星影響，近期兔朋友容易因忙過頭而恍神受傷，尤其需提防血光之災，建議平日多做煙供或適時捐血，能化解災難。

事業 ★★★
財運 ★★
愛情 ★★★
功名 ★★★
健康 ★★
鴻運日 **16、25**

事業 ★★
財運 ★
愛情 ★★
功名 ★★
健康 ★
鴻運日 **11、23**

兔朋友這個月的運勢雖然不若先前亮眼，但只要盡守本分，與同事們相互配合，成果自然不會太差。這個月頗有貴人緣，所以即便遇到關卡，也可獲得他人的後援，讓預期的計畫不至於中斷；且某些以為會被拒絕的合作案，也因有力貴人從中促成，讓事情能繼續圓滿進行。

在財運上要小心破財危機，「節流」是這個月的理財重點，除了把錢花在刀口上，對於資金的運用也要格外謹慎，別因一時衝動，購買過多超出預算的商品，以免日後被卡費壓得喘不過氣，減少不必要的開銷，才不會為錢而煩惱。在投資上最好別過度樂觀，多向理財專家諮詢，才不至於做出錯誤的判斷。同時要做好財務分配，將部分金錢定存，才能守住財富。

事業上陷入低潮，雖然盡心盡力，但主管總是對你的表現不甚滿意，讓你倍感壓力，陷入鬱悶的情緒中。下班後也常對生活感到厭倦，對很多事情都提不起興趣，長時間下來變成某種惡性循環，影響你的工作效能。

這段時間親友們可成為你最重要的精神支柱。別總是一個人悶悶不樂，或窩在家中鑽牛角尖，找朋友聊一聊，化解心中煩憂，透過他們的建議，也能讓你重拾信心。

因內心總是鬱鬱寡歡，連帶也讓健康下滑。常想東想西導致腦神經衰弱，夜不成眠，翻來覆去睡不好，讓你更加消沉。建議你去上瑜伽課，透過肢體動作來達到身心的放鬆，每天睡前一小時即遠離 3C 用品，讓自己沉靜下來，會更好入眠。

<table>
<tr><td>事業</td><td>★★★★★</td></tr>
<tr><td>財運</td><td>★★★★★</td></tr>
<tr><td>愛情</td><td>★★★★</td></tr>
<tr><td>功名</td><td>★★★★</td></tr>
<tr><td>健康</td><td>★★★</td></tr>
<tr><td>鴻運日</td><td>5、14</td></tr>
</table>

經歷過前陣子的低潮，本月終於迎來曙光，在各方面都有很好的突破及進展，尤其是人際關係非常活絡，對兔朋友的事業帶來極佳的助力，從與他人溝通交流中，也獲得有益的訊息及商機。

另外，這陣子你會想嘗試一些有別於以往的事物，例如學習新的語言或技能、轉換跑道投入公職考試。若想自創品牌，在網路上集資銷售開發的商品，有機會獲得極大的回響。

事業上的成功讓你保有好心情，並感染身邊的人，也為你開啟更多桃花機緣。單身的兔朋友可望因公認識價值觀相近的對象，並且火速展開戀情；已有伴侶的兔朋友則與另一半計畫嶄新的生活目標，為更好的未來攜手打拚，情比金堅。

<table>
<tr><td>事業</td><td>★★</td></tr>
<tr><td>財運</td><td>★★★</td></tr>
<tr><td>愛情</td><td>★★★</td></tr>
<tr><td>功名</td><td>★★</td></tr>
<tr><td>健康</td><td>★★</td></tr>
<tr><td>鴻運日</td><td>24</td></tr>
</table>

這個月的運勢稍微疲弱一些，不如先前的一鳴驚人，有些事務仍需要更縝密的檢視，不宜過度樂觀，以免希望落空。雖然想結合身邊的人脈資源，開創更龐大的事業版圖，但整體規劃仍不夠完善，以至於無法在短時間內看見成效，需等待時機並結合更多資源，才能如願以償。

財運上增加許多額外開銷，無論是家電損壞或是更換車子重要零件，都讓你失血不少，建議多克制平日的購物欲，盡量省吃儉用，才能讓收支更平衡。

健康運勢也較差一點，尤其出門在外，需提防發生意外。開車族更要提高警覺，注意來往的行車，切莫因一時貪快而違規，飲酒之後絕不可以開車上路，以免釀成終生遺憾的大錯。

11月
November

事業 ★★★★
財運 ★★★
愛情 ★★★★★
功名 ★★★
健康 ★★★
鴻運日 **6、27**

　　某一些停滯多時的計畫，將會在這個月獲得貴人相助而再度起死回生，並有可能得到更多外部資源的支持，讓兔朋友更快達成目標，為公司創造極高的聲望。你的職場運也因此水漲船高，可望組織一支實力堅強的團隊，締造更多的亮眼成績。

　　但同時間，你容易捲入口舌是非中，眼紅的同儕會在背後對你指指點點，認為你是靠關係才往上攀升，讓你感到很不服氣。但別憤怒著急，日久見人心，只要你擁有堅強的實力，這些八卦流言最後都會煙消雲散。

　　感情世界獲得吉星相持，單身的兔朋友有機會在朋友的聚會中，認識外貌及談吐都相當吸引你的對象，讓你一見鍾情；有伴的兔朋友則跟另一半默契十足，培養出共同興趣，讓關係更加愉悅融洽。

12月
December

事業 ★★★★
財運 ★★★
愛情 ★★
功名 ★★★
健康 ★★
鴻運日 **10、14**

　　在歲末年終的這個月，是兔朋友展現極佳實力的好時機，有些你堅持已久的工作項目，在此時進入驗收期，主管對你周延的規劃感到十足滿意，並賦予更多專案重責，期盼你與更多廠商進行跨界合作，讓品牌風格更活躍鮮明。

　　某些阻礙你發展的人事物，也會在這個月消失無形，比方說跟你處不來的同事，將在這個月離職；或者有新主管到職，幫助你獲得更多跨部門的資源，讓某些停滯多時的工作項目重新啟動。

　　在學中的兔朋友，也有機會得到學長姐的指點，讓某些你一直唸不好的科目有突破的契機。另外，最近兔朋友的心情較為沉靜，因此能夠專心於課業，不受外務影響，並有良好的成績表現。

Dragon

第 10 名

龍

謹慎行事年

吉星｜驛馬
凶星｜弔客、天哭、天狗

今年「驛馬星」入駐，表示非常適合衝刺事業，但同時間也充滿著各式各樣的變數，需要面對的難題依舊很多，千萬不能鬆懈大意，凡事需小心應對，才能有效化解危機。另外，今年要以開放的心態，去看待周遭的變化，切莫太過固執，要適時變通，才不至於在無意中樹敵，對自己造成不利影響。與人溝通時更要注意說話的語氣，以免引發不必要的衝突。

事業好運指數 ★★★

事業上充滿各種變數，但所謂「危機就是轉機」，只要龍朋友沉著應對，將可透過一連串的轉折，獲得更大成功。例如你可能遇到部門改組的狀況，卻因此得到更大的發揮舞台；又或者你被迫離職，但經由貴人介紹，轉職到另一家前途更好的公司，這些峰迴路轉的歷程，都將為你開啟更佳的契機，持續保持樂觀態度，事業才會蒸蒸日上。

財運好運指數 ★★

財運上受「天狗星」影響，容易因個人疏失而耗損錢財，例如出門在外沒有顧好錢包，一不小心就遺失了，損失不少金錢；又或者開車時沒有注意前車的動向，追撞上去導致要賠償對方。即便你在正財收入上相當穩定，卻容易因這些意外開銷而破財，要想防堵錢財流失，就必須時時提高警覺，減少粗心大意出錯的機率。

愛情好運指數 ★★

愛情運較為平淡，雖透過朋友介紹，認識一些條件不錯的對象，但不是你不來電，就是對方對你毫無心動的感覺；又或者你嘗試跟某人交往，卻又因價值觀不和而迅速分手。有伴者容易因過度注重工作而忽略另一半的感受，讓對方有所埋怨，要想改善關係就必須多花時間耐心溝通，傾聽對方的心聲並化解誤會，才能讓關係回溫。

功名好運指數 ★★

仍是學生的龍朋友，今年的學習表現較不理想，尤其是轉到新學校的人，有點難適應新環境，跟同學相處有些不和，以至於心思無法專注在課業上，成績自然也受到影響。對就職中的龍朋友而言，此時不是升官的好時機，可能要面對內部組織的異動，或是職位變換的狀況，對你來說都是個適應期，先妥善處理好眼前的事務，日後自然會有更好的發展。

健康好運指數 ★★

今年的變動較多，對你來說是個勞心勞力的一年，可能經常被公司安排出差、支援各種活動，到了週末還得北中南各地跑，不僅沒時間好好休息，也很難擠出時間來鍛鍊身體，以致體力變差，甚至出現暈眩、胸悶的症狀。建議一定要適時地休息，千萬別硬撐，平常可以隨身攜帶滾珠精油，隨時塗抹在額頭及太陽穴上，有助於提神醒腦。

化煞小提點

「天狗」凶星來犯，容易遭受無妄之災，或有破財危機，也可能因意外而造成身體損傷。除了要注意安全外，也要常保警覺心，切勿衝動行事，才能避開災禍。建議可在家中或辦公桌上懸掛五帝錢，有助於避邪化煞，增強各方好運。此外，開車的朋友也可懸掛刻有經文的車掛，護佑平安吉祥。

龍

農曆流月運勢

1月

事業 ★★★
財運 ★★★
愛情 ★★
功名 ★★★
健康 ★★★
鴻運日 12、28

面對嶄新的一年，企圖心旺盛的龍朋友儲蓄好滿滿的能量，打算努力向前衝刺，追求事業的高峰。本月你會多方找尋機會開拓客源，不怕苦也不畏難，而你的誠懇態度也贏得客戶極佳好評，順利拿下許多訂單，財富也跟著增多。

雖然進帳變多，但生活支出卻也不少，呈現財進財出的狀態，往往錢財剛入帳，轉眼間就要支付一堆費用，例如保險費或家中物品損壞的修繕費。因此，龍朋友要減少血拼，盡量把錢省下來，才能應付其他的必需開銷。

感情運勢較弱，單身的龍朋友發現苦戀的對象，只是將自己當作普通朋友，並沒有進一步交往的意願，讓你感到十分落寞。有伴的龍朋友也容易與另一半起爭執，讓彼此關係降溫。

2月 February

事業 ★★★
財運 ★★★
愛情 ★★★
功名 ★★
健康 ★★
鴻運日 6、19

龍朋友近期可能會被調離原有的職位，派駐外地，負責一些過去較為陌生的事務；或是主管要求你積極開發新的銷售市場，必須在短期內蒐集研究大量的資訊，盡快上手及掌控狀況。這帶給你莫大的壓力，但如何化壓力為成功的動力，是你當下的重要課題。

不過，龍朋友是越挫越勇，因此難關雖多，但也能激起你莫大的潛能。例如，你原本不喜歡處理細瑣事務，但現在必須獨挑大梁，就要以更大的耐性來面對細瑣，讓自己變得更沉穩。

雖然事情漸上軌道，但健康卻出問題了！由於工作壓力過大，讓你常忙碌過度而疏忽身體不適的警訊，結果大病一場。建議你要懂得適時紓壓，適當休息才能維持身心平衡。

3月
March

事業 ★
財運 ★★
愛情 ★★
功名 ★★
健康 ★★
鴻運日 **4、13、29**

4月
April

事業 ★★★
財運 ★★
愛情 ★★★★
功名 ★★★
健康 ★★★★
鴻運日 **10、11、23**

本月對龍朋友來說，是個倍感艱辛的月分，你計畫多時努力推行的專案，竟然被客戶否定，決定捨棄你而與其他廠商合作，讓你頓時從雲端跌入谷底。同時間，主管也對你非常不諒解，認為你思慮不周延才導致合作破局，甚至有意將你降職減薪，令你大受打擊。

在你陷入谷底的同時，有人不斷地在背後攻擊你，讓你難以嚥下這口氣，但與同事起口角，又會讓你的人緣變得更差。建議你不要正面衝突，轉而向公司內部的前輩求援，讓對方出面協調並澄清流言，會是較為圓融的處理方式。

就學中的龍朋友同樣也會遇到人際關係上的麻煩，跟同學不愉快，影響你的學習心情，導致成績持續落後，必須重新振作，專心向學才有機會翻盤。

跟先前的低潮相比，這個月的運勢明顯逆轉，過去所承受的打擊及委屈，在這個月都會化為你堅強往前的動力。有些龍朋友離開原本的職場，並在最短時間內尋覓到新工作；也有些人索性告別上班族的生活，打算跟朋友合資開店創業，迎向嶄新的人生。

人際關係上也變得較為順遂，開始懂得運用「斷、捨、離」智慧，遠離一些是非人物，讓自己的生活更為清靜，專注於尋找自我的志趣，重新樹立新的目標。

情感關係在這個月變得很甜蜜，龍朋友心儀許久的對象，終於向你釋出好感，順利開展一段浪漫的情緣。有伴的龍朋友，在閱讀一些兩性關係的書籍之後，開始懂得不堅持己見，更注重對方的感受，讓感情變得如膠似漆。

5 月 May

★★★★
★★★
★★★
★★★
★★
鴻運日 3、6、14

事業運勢翻紅，重新定位之後再出發，果然讓你的氣勢非凡，並能展現豐沛的創意，設計或開發的商品充滿吸引力，上市後一炮而紅，順利獲得超高的支持度，銷量不斷攀升，業績獎金也賺飽飽。

另外，一些過去你想不開、放不下的事情，也在這個月豁然開朗，擺脫負面情緒。你開始迷上戶外運動，假日四處遊山玩水，敞開心胸與同好交流，不僅結交到更多朋友，也讓你的心情常保愉快，不再為一些小事糾結，整個人變得更開闊。

然而，四處遊玩之餘，要格外提防意外之災。下大雨後，不要開車走危險的山路，平常使用刀具要更謹慎，以免不小心受傷流血。提重物時也要放慢動作，以免傷及筋骨。

6 月 June

事業 ★★★
財運 ★★★★
愛情 ★★★
功名 ★★
健康 ★★
鴻運日 12、21

事業持續平穩發展，龍朋友這個月可望獲得女性貴人相助，讓你有機會接洽大客戶，並且談定重要訂單。另外，近期也非常有利於從事女性方面的生意，舉凡在美妝、女裝等行業工作的朋友，都可以把握時機，好好衝刺業績，讓商品更為暢銷。

除了事業之外，生活上也可因女性貴人協助而有更好的進展。例如想搬家的龍朋友，可能透過某位女性朋友的牽線，順利覓得理想的住所。此外，想投資的人也可以多向女理財專家請教，可望創造更大的利潤。

此外，這時期也是進修的好時機，可以幫助你培養更多的職場實力。從商的龍朋友更要多上企管行銷相關課程，除了有助於拓展事業，也可能會遇到未來的生意夥伴。

7月 *July*

事業 ★★★
財運 ★★★
愛情 ★★
功名 ★★★
健康 ★★★
鴻運日 **6、14**

近期工作運呈現悲喜參半的狀態，一方面你獲得許多助力，比方說遇到以前的同事，願意將他的人脈介紹給你，幫助你開啟更多合作機緣；又或者經由要好的學長姐引介，順利認識某企業高層，並獲得進入新職場的機會。這些良緣將幫助龍朋友的事業運持續水漲船高，對未來充滿希望。

然而，也有許多競爭者對你的優異表現感到眼紅，但你在應對他人的中傷流言時格外冷靜，大氣的姿態讓對手相形見絀，反而讓你獲得更多同儕的支持與肯定。

感情運下滑，單身的龍朋友雖時常參加朋友聚會，甚至與人相親，卻跟對方擦不出火花，只能繼續等待下去。有伴的龍朋友因應酬較多，讓另一半對你頗有微詞，關係不若以往。

8月 *August*

事業 ★★★★
財運 ★★
愛情 ★★★
功名 ★★★★
健康 ★★
鴻運日 **1、13、21**

事業運可望有所突破，某個資深前輩對你的提攜，將成為你人生中的重要轉折點，讓你有機會主導重大專案，並且贏得老闆的肯定，擁有更多的揮灑空間，為公司創造更大的利潤。

財運略為不順，受凶星壓制影響，這陣子在投資理財上轉盈為虧，如果心急想靠更多的投資標的來獲利，反而可能造成負債越來越多，建議還是保守為佳，先度過這個容易破財的時機，再找獲利的機會。

健康運欠佳，長期積累的疲累，造成你時常頭暈目眩或體力下滑。加上有時候會暴飲暴食，容易腸胃不適，三不五時就往醫院或診所跑。建議你改善生活作息，盡量不熬夜並三餐定時，才是保持健康的正確方式。

9月
September

事業 ★★
財運 ★
愛情 ★★
功名 ★★★
健康 ★★
鴻運日 6

近期龍朋友可能會因為某個重大的誤判，造成工作上嚴重的傷害，例如某個商品的品管流程出了差錯，導致上架時程延後，因而造成公司損失。你有可能因此遭到處分，或是丟了飯碗，感到非常沮喪。

低迷的情緒也影響你的家庭關係，你常回到家就關上房門，拒絕與家人溝通，長輩的關懷也被你不耐煩地回絕，家人不諒解的態度，讓你的情緒更加低迷，陷入惡性循環中。

財務上也要提防破財危機，盡量避免與他人合資，或者借錢給他人；前者可能會使生意失敗，後者則恐怕錢財有去無回，對方直接人間蒸發。建議你這個月要看緊荷包，出門在外也要小心掉錢或皮包遭竊，多一分謹慎，就可以多一分平安。

10月
October

事業 ★★★★★
財運 ★★★★
愛情 ★★★★
功名 ★★★★
健康 ★★★
鴻運日 14、23、26

這個月龍朋友會發現自己的運勢一百八十度大逆轉。不但能從先前的錯誤中吸取教訓，累積更多的智慧，在面對新的難關時，也能徹底發揮實力，順利克服困難，為自己的事業再創高峰。

另外，也有些龍朋友會成為公司重要的管理階層，接手一些充滿挑戰的事務，例如經營過往不曾主導過的商品線，或者開闢全新的市場。雖然充滿壓力，但對熱愛挑戰自我的龍朋友，卻是大展長才的機會，最後也能如願地帶動商品銷售，創造極高的獲利。

感情運勢佳美，單身的龍朋友將在某個不經意的場合中與舊愛重逢，相隔多年後，彼此仍感到悸動，有機會再續前緣；有伴侶的龍朋友與另一半誤會盡釋，近期常一同四處出遊，享受悠閒的生活情趣。

11月

事業 ★★★★
財運 ★★★★
愛情 ★★
功名 ★★★
健康 ★★
鴻運日 5、20

整體事業運持續向上揚升，無論是公司內部同事還是外部合作廠商，都對你的創意點子讚譽有加，也樂於貢獻己力，一起達成共同的目標。而本身是老闆的龍朋友，近期可望引進更多的人才為你效命，在眾人齊心努力下，成功將商品推廣至全新的市場，並樹立更清晰的經營目標，讓公司的前景一片光明。

財運上擁有豐沛好運，除因業績攀升而獎金增倍外，投資上也有很好的收穫。近期你可望在某位理財專家指引下，尋找到利潤極佳的標的。有投資房地產的龍朋友，也可望完成一筆重要交易，荷包滿滿。

仍是學子的龍朋友，會發現生活中減少許多令你分心的雜務，讓你擁有更充裕的時間K書、準備考試，順利考得理想成績。

12月 *December*

事業 ★★★
財運 ★★★
愛情 ★★★
功名 ★★
健康 ★★★
鴻運日 3、14、23

受到貴人的幫助，龍朋友在行事上更加順暢無阻，舉凡你出面協調溝通的事務，都能獲得良好的共識，讓整個團隊發揮更大的效率，在有限的時間內創造佳績。

雖然前景看好，但同時間，身邊還是有些人在扯後腿，不是反對你的理念，就是跟你分屬不同派系，扮演競爭者的角色。雖然讓你感到壓力，但好在龍朋友能成功轉念，把阻礙當作難得的考驗，以沉穩的姿態來應對進退，甚至化敵為友，展現大度精神。

健康上雖偶爾有精神不濟的狀態，但整體來說並無大礙，如果你能夠在工作與生活中取得平衡，並維持良好的運動習慣，將可大大增進體力，以更充沛的活力來面對挑戰。另外，你也可以試著學習瑜伽，讓肢體更為放鬆，對改善健康也很有幫助。

Snake

蛇　福氣好運年

吉星│福德、天德、福星
凶星│卷舌、天哭、劫煞 (偏沖)

今年獲得多顆貴人星入駐，讓蛇寶寶的整體運勢頗為興旺，尤其在事業和財運方面，多運用外來的助力，便能取得豐碩成果。而在遇到沒把握的事情時，應適時向他人求助，不要強出頭，才能夠逢凶化吉。另外，還要注意偏沖及「天哭」凶星帶來的影響，別讓消極悲觀的想法左右你的行為，做起事來才會更順利。

事業好運指數 ★★★★

今年在事業上能一路過關斬將，除了你自己的努力外，也要歸功於一起工作的同事，陪伴你一起參與重要過程，共創佳績。另外，你的身邊環繞著眾多貴人，除了同儕的相助外，還有長輩的大力支持。想要創業的蛇朋友，更可把握此良機，只要你擁有新穎出色的企畫點子，便可找尋合適的夥伴，共同合資做生意，拓展事業藍圖。

財運好運指數 ★★★★

「福星」高照的蛇朋友，今年的財運表現相當亮眼，尤其在正財方面，因為有貴人的牽線，將使你的客源增加或接案機會變多，只要認真耕耘，收入將會一路提升。而在投資理財方面，如果是新手，可多向專業人士諮詢，有機會遇到為客戶著想的好理專，根據你的資產狀況規劃出最佳的投資建議，幫助你找到符合預期的金融商品，賺取更高的報酬。

愛情好運指數 ★★★★

受到眾多吉星護持，人際關係變得更活絡，單身者透過參與朋友的聚會，或加入某些網路社團，可以遇到相談甚歡的新對象，而對方跟你擁有同樣的興趣，交流起來非常愉快，能迅速展開戀情。至於有伴的蛇朋友，今年跟另一半的感情將更為提升，不管再忙再累，你都一定會抽空陪伴對方，也樂於融入伴侶的交友圈，讓彼此的心靈交流更深。

功名好運指數 ★★★

因有「福德」吉星入宮，貴人運勢興旺，經由他們的熱心推薦，蛇朋友可以找到適合自己的進修課程。仍在學的人可透過課後補習，獲得更多的考試重點與方向，有效率地準備應試。出社會工作的蛇朋友，同樣可參與一些職能訓練，增添自己的職場實力，並順利獲得主管的賞識，提拔你擔任更重要的職位，順利升遷。

健康好運指數 ★★★

身體狀況大致良好，只要養成規律的生活作息，就能讓你精神飽滿，充滿能量去應對生活上的各種變化。有些蛇朋友因舊疾而苦惱，今年有幸獲得良醫診治，只要遵照醫囑按時吃藥及調整飲食，就有機會好轉。另外，蛇朋友在今年也很適合去上一些心靈相關課程，讓自己的心境平和，身心就會更平衡，整個人就越健康喔！

化煞小提點

「卷舌星」來犯，容易招惹小人是非、與人發生口角爭執，另外也可能遭受誣陷和言語打擊，應多加察言觀色，時時提醒自己謹言慎行，才能更保護自己。建議隨身佩戴紅瑪瑙，有助於增強你的幸福能量，讓運勢更平安。亦可在辦公椅上放個靠枕，讓自己背後有靠，行事易得到幫助。

蛇

農曆流月運勢

1月

January

事業 ★★★
財運 ★★★★
愛情 ★★
功名 ★★★
健康 ★★★
鴻運日 5、17

心思縝密的蛇朋友，能將醞釀好一陣子的計畫，在這個月落實執行。比方你想在網路平台上販售商品，透過跟行銷團隊的密切合作，終於能夠推出深具賣點的產品，並在短時間內獲得各方的支持。另外，你也可能經由某位長輩的指點，在資金運用上更完善，把錢花在刀口上，讓你創業的第一炮，順利贏得極大的回響。

相較於事業上的平順，感情生活卻不平靜。單身的蛇朋友雖嘗試拉近跟心儀對象的距離，並透過共同朋友牽線，希望能製造更多相處機會。怎奈對方無心戀愛，你只好繼續苦戀下去；有伴侶的蛇朋友，因某位親戚的話語跟另一半

產生誤會，彼此間陷入冷戰，互不搭理對方，若不改善恐會持續惡化下去。

2月

February

事業 ★★★★
財運 ★★★
愛情 ★★★
功名 ★★
健康 ★★
鴻運日 23

事業運高漲，在人前展現出大將之風，順利打敗競爭對手，談定期待已久的合作案，打開公司的經營格局，執行魄力令人讚譽有加。成熟卓越的表現讓老闆對你更加信賴，並將你升遷為主管，期盼為公司帶來更多元的業務成長。

隨著業績越來越好，你獲得的獎金也相對增多。雖然進帳豐沛，但支出也相形增加，無論是添購裝扮行頭或應酬請客，都讓你失血不少。只能盡量開源節流，維持財務上的平衡。

健康運較為低落，主要是經常處於忙碌不休的狀態，讓你到夜深人靜時還在回覆訊息，或是處理公事，免疫力自然跟著下滑，甚至反覆感冒。建議一定要適度地休息，把身體顧好，才有更多的本錢打拚。

3月
March

事業 ★★★
財運 ★★★
愛情 ★★★★
功名 ★★★
健康 ★★
鴻運日 **13**

4月
April

事業 ★★
財運 ★★
愛情 ★★★
功名 ★★
健康 ★★
鴻運日 **11、12、24**

此時的蛇朋友，將面臨生活上的嶄新挑戰，這將是引領你邁向人生高峰的一個轉機。比方說，你過去總是做後勤工作，此時轉調至一線的業務單位，沒想到卻激發出你的銷售天分，不僅創下極佳的業績，也讓你心生自創品牌的念頭，可望有機會獨當一面，成為成功的創業者。

就學中的蛇朋友，最近有機會在長輩的推薦下，認識對你課業大有啟發的名師，讓你頓時信心倍增，在考場上有出色的表現。

感情運勢旺，單身的蛇朋友在朋友的介紹下，遇見讓你一眼就怦然心動的對象，對方也對你充滿好感，戀情進展十分順利。有伴的蛇朋友樂於陪伴另一半參與戶外活動，鍛鍊身體的同時，兩顆心的距離也更加貼近。

工作上雖可獲得同儕的助力，但天時、地利不佳，讓你一直等不到客戶願意下訂單的消息，也或者因某些生產流程上的疏失，讓整批貨物被卡關，必須重新檢驗，浪費不少成本。

事業上的不順遂，讓你情緒低落，一個人獨處時，格外鑽牛角尖，甚至衝動得想離職。建議你不要總是悶悶不樂，多跟親友碰面聊天，抒發心中的感受，可緩解壓力，以更周全的思慮來審視眼前的困境。

健康上要特別小心血光之災，做家事時心裡別掛念工作，稍不留意可能就會被刀具利器刮傷。建議你在日常生活上更專注，每晚睡前亦可靜坐，讓情緒沉澱，不再被煩惱糾結。

事業	★★★★
財運	★★★
愛情	★★★
功名	★★★
健康	★★★
鴻運日	6、14

事業	★★
財運	★★
愛情	★★
功名	★★
健康	★★
鴻運日	1、8、12

工作上出現重大轉機，有機會克服所有障礙，以更明快的處理風格讓停滯的事務再度運作，並可望加入新團隊，用更有效率的方式來達成預定目標。另外，有在經營社群媒體的蛇朋友，近期人氣將會大增，某些直播主題受到網友的喜愛，並且大大分享，讓你的點擊率不斷攀升，成為備受肯定的網紅。

財務上的表現不如事業那麼亮眼，雖然你的進帳頗豐，但卻很有可能因投資而損失不少金錢。建議你不要過於盲目跟風，可以先進修一些理財相關知識再進場投資，會讓你的判斷力更精準，有效地增加被動收入。

單身的蛇朋友，有機會因為個人魅力而吸引更多追求者的目光；有伴侶的蛇朋友與另一半培養出共同的樂趣，互動融洽。

先前的好運讓蛇朋友自信過滿，導致近期在工作上屢遭挫敗。例如某個執行的專案原以為能順利獲得高層認可，結果卻在重大會議上遭到推翻，甚至被要求讓出主導權，改由其他同事執行。又或者想創高業績的朋友，近期一直拉攏不住客戶的心，以至於沒有接獲大訂單，讓主管對你的業務能力大打折扣。

沮喪的情緒也影響你的家庭關係，最近可能會因一點小事就跟家人起衝突，甚至氣到離家出走，投宿旅館沉澱思緒。假使你的氣一直消不下來，乾脆為自己安排一個短期的旅行，散心回家後再與家人大和解。

健康上要重視身體傳出的警訊，假使出現眩暈、心悸狀況，一定要趕緊做檢查，及早治療。

7月 *July*
事業 ★★★★
財運 ★★★★
愛情 ★★★
功名 ★★★
健康 ★★★
鴻運日 **2、14、15**

8月 *August*
事業 ★★★★
財運 ★★★
愛情 ★★★
功名 ★★★
健康 ★★★
鴻運日 **21、22**

蛇朋友可望在這個月遇到一些戲劇性的轉折，並且獲得貴人的大力提攜，只要你能妥善運用人脈，就可以在事業上大展鴻圖。例如有些蛇朋友因故離職，原本還擔憂找不到工作，結果卻很快地透過某位女性友人的引薦，到另一間更具發展性的公司就職，甚至有機會得到更好的頭銜及待遇。

此時也是適合賺大錢的時機。做業務的朋友不要怕辛苦，你付出的每一滴汗水，都有機會化為財水。另外，在投資上，你也有機會賺入比預期更多的報酬，只要你做足功課，對投資標的有更深入的了解與認識，就能以正確的直覺判斷，掌握良好的時機點進場，賺取令人稱羨的豐厚利潤。

想進修的蛇朋友，近期可多上一些對職涯有幫助的課程，將會收穫良多。

承接上個月興旺的事業好運，蛇朋友在這個月繼續主控團隊的重要決策，並且成為公司裡的核心人物。為了讓改革進展更順遂，蛇朋友將會展現強大的決斷力，姿態也會轉為強硬，展現鐵腕治理的風格，要求下屬設定績效目標，並在短時間內達成。

雖然在你的領導及團隊群策群力的合作之下，業績如預期般攀升，然而你的強勢作風，也讓某些同事很有壓迫感，並認為你不好溝通，私底下抱怨聲不斷。帶人要帶心，建議你別一味地只重視數字及績效，也要跟下屬及同事保持良好的互動，才能讓事情進展得更加圓滿。

感情運堪稱平順，單身的蛇朋友可經由網路互動，認識相談甚歡的新朋友，有可能進一步發展為戀情。有伴者與伴侶間相互扶持，關係甜蜜。

9 月 September	事業 ★★★ 財運 ★★ 愛情 ★★★★ 功名 ★★★ 健康 ★★ 鴻運日 4、20

工作運順遂，人際關係也變得更融洽。蛇朋友近期可望在好友的指點下，以更圓融的待人處事獲得眾人的支持，讓某些停擺的事務再度啟動，並以良好的效率持續進展。

另外，也有些蛇朋友在長輩的提攜下，得到更多的人脈助力，可望進入企業擔任重要職位，也可能獲得充裕的資金及理想的合作夥伴，順利創業成功，並獲取極高的銷售業績。

財運較為低落，在投資上恐因進場時機不對，導致獲利遠不如預期。此外，建議你在財務控管上要更謹慎，降低購物欲，以免錢花過頭，需要周轉時才發現資金不足就麻煩了。

近期健康狀況稍差，不要硬撐著身體工作，休息時盡量放鬆，多注意氣候變化，以免不小心罹患重感冒。

10 月 October	事業 ★★★★ 財運 ★★ 愛情 ★★ 功名 ★★★ 健康 ★★★ 鴻運日 3、10、23

對蛇朋友來說，這個月是個渴望求新求變的月分，你期盼生活能注入更多新鮮感，可能會決定離開原有的工作崗位，甚至搬離原本居住的城市，到別的地方求發展。另外，也有些朋友會跟公司主管爭取調部門，或者轉任其他更具挑戰性的職位，追求更符合心中理想的生活，為自己的人生帶來新氣象。

也因此，這陣子蛇朋友很注重心靈層面的成長，你可能會去上一些身心靈相關課程，探索自己的內在，也可能去學習一些過往較陌生的領域，累積更多的才能，為更好的未來做準備。

要特別注意財務狀況，此時不宜借錢給他人，也不適合與人合夥，錢財很可能會有去無回，經手合約也要非常小心，以免落入陷阱而不自知。

11月

事業 ★★★★★
財運 ★★★★★
愛情 ★★★★
功名 ★★★★
健康 ★★★★
鴻運日 8、21

歷經一段沉潛期，重新出發的蛇朋友充足了電，以更敏捷的思緒及強大的行動力，積極地開拓事業，迅速建立起好口碑，並贏得眾人讚賞的目光。正在尋覓工作的蛇朋友，不用太著急，只要你認真地撰寫履歷，多方投遞，將能獲得佳音，如願找到理想的工作。

某些曾阻礙你發展的人事物，近期也都會消失無形。你會發現職場上某位對你不友善的同儕恰好離職；一直合作不成的廠商，近期更換聯繫窗口，讓你的提案出現轉機，種種好的轉變，讓蛇朋友春風滿面，心情愉悅。

感情生活也充滿好運，單身的蛇朋友會於工作往來間，與合作對象擦出愛火；有伴的蛇朋友體貼呵護另一半，關係甜蜜得化不開。

12月

事業 ★★
財運 ★★★
愛情 ★★★
功名 ★★★★
健康 ★★★
鴻運日 4、12

這一陣子的運勢相較於先前低迷許多，主要是某些錯誤判斷，造成蛇朋友的工作進度嚴重落後，甚至還與同事重工，使得主管很不諒解，你的績效考核可能因此較差，讓你的心情跌入谷底。

另外，蛇朋友近期也不要輕信他人的承諾，例如跟你合作的廠商打包票會如期出貨，結果卻延宕時程；又或者某客戶答應採買大量商品，結果卻遲遲未簽約。建議蛇朋友在生意往來時，切莫因他人的三言兩語就認為事情能如願進展，一切約定都要白紙黑字，才是最大的保障。

另外，要特別小心意外災害，開車時要提高警覺，行走在路上也要多注意路況，以免發生車禍，多一分提防，就會多一分安全。

Horse

第 6 名

馬

馬到成功年

吉星 | 三合

凶星 | 指背、大殺、地殺、白虎、飛廉、天雄

總是飽含著衝勁與熱情的馬朋友，今年更能妥善發揮優點，以強大的行動力達成目標，讓經手的事務圓滿地完成。若遭逢瓶頸或挫折，也不用太憂心，有著「三合」貴人的助力，能順利逢凶化吉。不過，人紅容易招忌，會遇到有人在背地放話中傷你，但只要行得直、坐得正，流言蜚語自然會不攻而破。

事業好運指數 ★★★★

今年的馬朋友在工作上遇到關卡時，總能反應敏捷，迅速發掘問題並做妥善處理，讓危機得以順利排除。另外，馬朋友可以多發揮「三合」的優點，當陷入瓶頸時，可趕緊開口向旁人請益，以獲得有益的建議，幫助你更快地化解難題。在職場上萬一遇到小人作怪，也可經由貴人助力化解逆緣障礙。

財運好運指數 ★★★

財運方面，無論是正職的收入，或是透過投資理財所賺進的利潤，今年的馬朋友都擁有良好的進財機會。不過，馬朋友要做好收支平衡的控管，在生活開銷上有所克制，不要賺得多、花得更多，導致入不敷出。另外，你今年會有醫療費用的支出、交通事故的賠償開銷，建議要保留一些緊急預備金，以備不時之需。

愛情好運指數 ★★★★

今年馬朋友在愛情上十分美滿，單身者可與身邊的同事或相識已久的朋友日漸生情，逐步由朋友發展成情侶關係。此外，有暗戀對象的馬朋友，也可把握時機向對方告白，會得到對方善意的回應，順利開展戀情。有伴者則與伴侶相處甜蜜，擁有共同的生活目標，也可以一同創業，成為最佳的人生伴侶，攜手為更好的未來打拚。

功名好運指數 ★★★

今年將要參與大型檢測或升學考試的馬朋友，備考過程雖然順遂，但在考試當下，恐怕會因為粗心大意而導致失分，若想追求好成績，應試時一定要全神貫注，避免字跡塗改模糊不清而被扣分，並且仔細看清楚題目再作答，以免誤解。而在職場中尋覓升遷機會的馬朋友，則不宜操之過急，越是沉穩行事，越能讓你受到矚目而得償所願喔！

健康好運指數 ★★

經常開車通勤的馬朋友，今年要格外留意行車安全，轉彎處放慢速度，交通號誌轉換時切記不要搶快，多留心就可避免發生車禍。另外，今年的健康狀態跟你接收到的壓力指數息息相關，如果不懂得紓壓，可能會造成內分泌失調，導致食慾不佳、失眠、注意力不集中等現象。可多聆聽佛曲，舒緩緊繃的情緒，也可到山林間多吸收芬多精，放鬆身心。

化煞小提點

「白虎星」的入駐，容易遇到血光、刑傷及破財等意外災害，情緒上也會有較劇烈的起伏。除了避免進行危險度較高的活動外，建議在新年期間或節氣「驚蟄」當日，至大型公廟祭拜白虎，以消解白虎煞；並於家中置放雙麒麟擺陣，可鎮宅化煞，護佑平安，令諸事圓滿如意。

馬

農曆流月運勢

1月

事業 ★★
財運 ★★
愛情 ★★
功名 ★★
健康 ★
鴻運日 6、11、14

雖然充滿雄心壯志，但本月對馬朋友來說，卻是一個狀況連連的撞牆期。你苦心積慮想為團隊爭取更多權益，卻遭到主管拒絕，甚至因此質疑你的向心力，結果把你邊緣化，將重要的專案交由他人處理。

馬朋友雖然備受打擊，但聰穎的你也很有應變能力，這個月你仍有不錯的貴人運，只要冷靜思索，找合適人選出面幹旋，事情將大有轉機。切記不要衝動與人鬥氣，反而會讓情勢變得更不利於你。

健康方面要多加留意，由於一心都在思考工作，疏於照顧身體，不是三餐沒好好吃，就是家中東西放過期也沒發現，繼續吞嚥下肚，結果罹患腸胃炎，反而影響工作進度。

2月

事業 ★★★
財運 ★★★
愛情 ★★★★
功名 ★★★
健康 ★★★
鴻運日 8、29

職場運勢攀升，團隊中加入許多生力軍，幫助你更有效率地達成目標，支援增多的狀況下，許多瑣碎細節有更多人審視把關，降低錯誤率，讓高層對你們的表現讚不絕口。

有些馬朋友因舊識得到豐沛的好運。例如老同學看到你工作不愉快，介紹你至其他公司面試，順利獲得新職；又或者過去的同事引介人脈給你，讓你有機會與新廠商合作，創造新商機。

感情運相當順遂，單身的馬朋友若想脫單，本月一定要多參與社交聚會，可能會在朋友的介紹下，遇到令你一見傾心的對象。有伴的馬朋友多陪伴另一半從事有興趣的事物，讓伴侶有被重視的感覺，感情自然無限甜蜜。

3月 *March*

事業 ★★★★
財運 ★★★★
愛情 ★★★
功名 ★★★★
健康 ★★★
鴻運日 7、12、24

打拚多時的馬朋友，終於在這個月能豐收甜美的碩果，不僅業績再攀高峰，優秀的表現也讓你獲得升遷。最近非常適合與新客戶接洽，或者跟新廠商談合作，只要馬朋友展現無比的自信及非凡的談吐，便能迅速贏得對方的好感，願意跟你展開更緊密的合作。

而在財運上，也可望擁有豐沛的進帳。除了正職收入外，馬朋友此時很適合向理財專家請益，受到貴人吉星的加持，你將可從中取得有利訊息，進而大賺一筆。

另外，仍在就學中的馬朋友近期也是好運連連。你可以從學長姐的經驗分享中，抓到更多學習的訣竅，了解各科目的學習重點，有效掌握得高分的方法，讓成績名列前茅。

4月 *April*

事業 ★★★★
財運 ★★★
愛情 ★★★★
功名 ★★★
健康 ★
鴻運日 9、13、18

喜歡新鮮感又樂於挑戰自我的馬朋友，這個月將可獲得極佳的舞台，讓你獨領風騷，展現才華。你會向主管爭取某項困難度頗高的專案，並憑藉著過往累積的人脈，引進外部資源，順利達成目標，讓主管對你的評價甚高，並賦予你更多的重大任務，超越過往創下更好的業績。

另外，也有些馬朋友選擇離開職場自行創業，憑著靈活的思緒及詳盡的規劃，得到合夥人的信賴，成功地開創事業版圖，升格當老闆。

雖然工作上的各種新轉機讓馬朋友對未來充滿期待，渴望全力以赴，但身體卻出了狀況，有時不得不慢下來，好好調養。最近你經常熬夜工作，長久下來會對身體造成傷害，必須加以克制。

	事業 ★★★★
	財運 ★★★★
	愛情 ★★
	功名 ★★★★
	健康 ★★★
	鴻運日 4、28

這個月對馬朋友來說,將是一個名利雙收的月分。你有機會在職場上成為一方霸主,率領菁英團隊為公司拿下許多訂單,讓老闆對你肯定有加,並讓你參與更多的決策,躍升為主力戰將,為公司締造更多的佳績。

除了事業運興旺外,財運也豐沛十足。在正財收入之餘,馬朋友也有機會兼差,獲得更多的收入。另外,無論是股票、基金還是房地產,近期都可以嘗試投資,擁有偏財好運的你,將會因為這些投資標的而有可觀的獲利,累積更多的財富。

相較於事業一帆風順,感情世界則相對崎嶇。單身的馬朋友雖有暗戀多時的對象,但對方對你的觀感一般,無意與你深入交往。有伴侶的馬朋友忙於事業及應酬,少有機會與另一半談心,關係有些冷淡。

	事業 ★★★
	財運 ★★★
	愛情 ★★★
	功名 ★★★
	健康 ★★
	鴻運日 7、14、26

馬朋友最近走到哪就受人歡迎到哪,彷彿身上有個光環,吸引著眾人的目光,若能善用你發散出的無比魅力,將可為事業帶來更多生機。另外,建議馬朋友可以嘗試在網路社群平台上經營粉絲頁,以影片及文字分享來增加人氣,有機會讓自己的知名度大開,成為受歡迎的網紅,並可因此接下廣告代言,讓財源更寬廣。

馬朋友也可多參加社團活動,例如品酒、美食分享等主題式的聚會,將可認識更多來自於不同領域的朋友,讓人際關係更加活絡,對你的未來有所助益,若你渴望進入新創行業,也會擁有更好的發展。

假使你想進修,此時亦是好時機,尤其可多上理財方面的課程,可望獲得良師指點,幫助你做更多的提升,企管方面的課程也可好好把握。

7月 July	事業 ★★★ 財運 ★★★ 愛情 ★★ 功名 ★★★ 健康 ★★ 鴻運日 **16、25**

隨著事業上的變動增加，馬朋友需要發揮機智應變的機會也增多。對不畏挑戰的馬朋友來說，每一次轉變，都是難能可貴的轉機，你會持續保持正向的思考，從諸多的變化中，找到最適合自己的出路。

也因此，這個月馬朋友可能會轉換工作，也可能會放下一切出國唸書，甚至移民到國外。因為這些大改變，讓你必須重新經營人際關係，不過你樂天又熱情，很快就能與人打成一片，融入團體中，甚至成為對他人極具影響力的領袖人物。

健康狀況稍弱一些，轉換環境後的馬朋友有些適應不良，容易罹患氣管方面的疾病，甚至半夜咳嗽到不能入眠，除了尋找良醫治療外，自己也要多保養，加上適時地運動來改善身體。

8月 August	事業 ★★★ 財運 ★★★★ 愛情 ★★★★ 功名 ★★ 健康 ★★★ 鴻運日 **14、26**

這一陣子馬朋友在與人共事時，要多注意溝通的語氣及態度，盡量柔軟和緩，讓你更容易得人心，順利拿下訂單或獲得更多賺錢的機運。此外，這陣子你很有女性貴人緣，舉凡女性的主管、同事、客戶或親朋好友，都可能成為你的重要恩人，跟她們保持良好的互動往來，是馬朋友的重要課題。

財運上很有偏財好運，適時地進場投資，將會賺進倍增的利潤。建議你多蒐集投資相關資訊，才能確實掌握市場行情，做出最適當的判斷。

愛情運十分美好，單身的馬朋友，在這個月會遇到情牽一生的真愛。有趣的是，對方可能是你多年的舊識，直到近期才產生火花。有伴的馬朋友則跟另一半鶼鰈情深，感情十分和樂。

9月 *September*

事業 ★★★
財運 ★★★
愛情 ★★★
功名 ★★
健康 ★★
鴻運日 **5、8**

職場上可望獲得長官提攜，有升官加薪的好運，然而馬朋友在意氣風發的時刻，要特別提防小人環伺，試圖阻擋你的升遷路。也許是在高層間散播不利於你的流言；也許是跟同業中傷你，種種小動作，讓你感到不堪其擾，也忿忿不平。假使你能按耐住情緒，以理性冷靜的態度來應對，這些攻擊都傷不了你，而能順利化解危機。

另外，當老闆的馬朋友也要小心生意往來的對象，對方越是把未來願景勾勒得一片美好，你越要觀察他是否在畫大餅。此外，簽署合約時要格外謹慎，以免落入圈套。

就學中的馬朋友最近因跟同學失和，導致情緒不穩無法專心唸書，想改善就要更堅定用心，才能考出好成績。

10月 *October*

事業 ★★★
財運 ★★★
愛情 ★★★
功名 ★★★
健康 ★★
鴻運日 **3、24**

近期馬朋友擁有極佳的長輩緣，並能透過某位長輩的安排，幫你獲得理想的工作或是開展事業。此外，經由同事協助，你卡關許久的疑惑得到了解答，因此能快速地掌握狀況，以更敏捷的反應來應對，並順利帶動商品的銷量，為公司帶來更好的成果。

財運上雖然進帳平穩，但因開銷過多，實際能存下來的錢少之又少。這些支出中，很大部分是幫助家人的花費，例如援助兄弟姊妹，或是為某位長輩支付醫療費用。因此，你的個人開銷就必須更加精簡，才能做好財務控管。

健康上因情緒常處於緊繃狀態，導致身心能量消耗過大，建議你適時塗抹精油，有助於提振精神並舒緩情緒。

11月 November

事業 ★★
財運 ★★
愛情 ★★
功名 ★★
健康 ★★★
鴻運日 6、10

　　事業運下滑，受到公司組織變動的影響，頓時失去許多助力，讓你必須獨挑大梁，從規劃到執行，層層環節都必須靠自己完成。由於分身乏術，在某項事務處理上發生嚴重的錯誤，不但耽擱既定的進度，績效表現也大打折扣，讓你苦惱不已。

　　財務上可能出現破財危機，跟人合夥開公司的馬朋友，要當心合夥人捲款而逃，另外，某些借貸出去的款項，也傳來對方跑落的壞消息，重重打擊，讓馬朋友的心情跌落谷底。

　　感情上也不順遂，單身的馬朋友會發現自己心儀的對象，已經另有所屬，讓這段情愫以失戀收場。有伴的馬朋友則因經濟壓力過大，容易與另一半爭執不休，如果沒有親友從中調停，很可能分手收場。

12月 December

事業 ★★★★★
財運 ★★★★
愛情 ★★★★
功名 ★★★★
健康 ★★★
鴻運日 10、17、29

　　相較於前一個月的低迷不振，這個月的馬朋友會發現自己的運勢大逆轉，原先由你主導而被否定的專案，又再度獲得重視，而且你很可能因為這些大案子，轉而成為公司的要角，順利升遷至管理職，擁有更多的人馬為你效力，一起闖蕩出一片天地。

　　財運上也獲得改善，不斷高漲的業績為你帶來豐厚的業務獎金，本身是斜槓族的馬朋友，也因兼差工作增加不少收入。另外，投資上也非常順遂，在周詳的思考研究後，可以嘗試一些新的投資標的，將為你帶來更多的被動收入。

　　對仍是學子的馬朋友而言，近期也是積極衝刺課業的好時機，你可能會得到某些學長姐傳授的筆記或祕笈寶典，幫助你更快掌握重點，精進某些較弱的科目，在未來大考時取得佳績。

Goat

第 1 名

羊 揚眉吐氣年

吉星｜紫微、龍德、天喜、地解
凶星｜暴敗、天官符、亡神、天厄、吞陷

揮別去年正沖太歲帶來諸多驚心動魄的考驗，今年的羊寶寶終於守得雲開見月明，要「羊」眉吐氣囉！大吉星「紫微」、「龍德」入駐，運勢暢旺不可擋，凡事皆可逢凶化吉、無往不利。只要保持積極進取的態度，並多多與人為善，就可以處處逢源，不僅事業及財運更上層樓，情感世界也相當圓滿如意，成為你生命中難忘的大好年！

事業好運指數 ★★★★★

今年的羊朋友將會在職場上綻放耀眼的光采！一些你醞釀已久的專案，終於得到最好的推廣時機；或者你一直想開發的獨家商品，也終於上架並創下銷售佳績，讓你有一飛沖天的感覺！而在行事上，只要你運用與生俱來的細心特質，在事務處理上掌控好各個環節，就能讓事情的運作臻至完美，成果令人刮目相看，備受各方好評。

財運好運指數 ★★★★

今年是快速累積財富的大好時機，職場上的優異表現，將為羊朋友賺進優渥的業績獎金，再加上完善的儲蓄規劃，就可以讓你守住錢財。建議羊朋友可另外購買儲蓄型保險、穩定的定期定額，或是定存產品，有效地達成存錢目標。而在投資上，今年你的眼光精準，能以敏銳的直覺購入潛力十足的標的，若能適時地乘勝追擊，利潤十分可觀。

愛情好運指數 ★★★★★

桃花能量滿盈，單身的羊朋友在參與社團或聯誼活動時，能結識到理想的對象，迅速陷入情網，感情進展得比想像中更迅速，很有可能會閃電結婚。有伴侶的羊朋友，和另一半的相處融洽，彼此默契十足，今年有可能為家中增添新成員，讓整個居家氛圍無比甜蜜。

功名好運指數 ★★★★★

受吉星入宮的影響，正面臨人生重要階段的羊朋友，無論是準備國家考試或者求職面試，只要事前做好完善的準備，都能正常發揮應有的實力，取得亮眼成績。上班族的羊朋友將以優異的能力與絕佳的機遇，再加上圓融的待人接物社交技巧，讓你的好名聲傳遍業界，也順利升遷加薪，名利雙收。

健康好運指數 ★★★★

羊朋友今年的健康狀況頗佳，加上喜事接二連三的到來，好心情也讓你的身體更強健。偶爾會因為換季時的溫差變化而染上小感冒，但很快就痊癒，不會有大礙。平時建議多補充綜合維他命或飲用檸檬多酚，增強免疫力之外，也不忘養成固定運動的好習慣，經常快走或慢跑，有助於維持活力，精神奕奕。

化煞小提點

即便今年喜迎「紫微」吉星，成為十二生肖中的運勢第一名，但受「暴敗星」影響，仍需謹慎面對突如其來的意外事件，不可大意，待人處事上亦不可過度驕矜自滿，方能令好運延續不斷。建議隨身佩戴葫蘆吊墜飾品，吸納穢氣，使「福祿」常伴身；也可擺放粉晶於辦公桌上，活絡人緣，增添和氣。

羊

農曆流月運勢

1月
January

事業	★★★★★
財運	★★★★★
愛情	★★★★
功名	★★★★
健康	★★★★★
鴻運日	10、22

相較於去年的跌宕起伏，新年初始，羊朋友就會明顯地感到運勢上揚，工作運順暢許多。從事業務工作者可望開發更多客戶，且訂單源源不絕，躍升為公司的王牌業務員。覓職多時的羊朋友，此時可望找到新工作，新東家很重視你的才華，能讓你充分發揮專長。

財運也跟著事業運揚升而好轉，不僅正財收入佳，偏財運也非常好，這期間可以多詢問理財專家的意見，幫助你選擇最正確的投資標的，可望因此而獲利豐沛。

仍是學子的羊朋友要轉換思維，不可像過去那樣得過且過，而是以更強烈的企圖心，在課業上求取好成績。此時的你較少外務干擾，能心無旁騖地專注唸書，獲得極佳的成效。

2月
February

事業	★★★★
財運	★★★★
愛情	★★★★
功名	★★★
健康	★★
鴻運日	4、13

職場上充滿轉危為安的好運。近期羊朋友可望獲得高層的重視，被賦予重責大任，然而這些事務並非你的強項，以至於感到莫大的壓力，深怕出差錯。但也因為你謹慎細心，適時地向前輩求助，讓這些困難的專案一一完成，且獲得極佳的評價，事業前景備受看好。

感情上也春風得意，單身的羊朋友在近期會遇到適合的交往對象，且對方可能就是你的同事，或是工作上有往來的合作夥伴。有伴的羊朋友則樂與另一半分享生活點滴，關係十分恩愛。

在健康上要特別小心血光之災。這陣子舉凡操作機器、手持刀具利器都要分外留意。上下樓梯時要謹防跌倒，出門在外也要多注重路況，時刻警惕，才能避免災害發生。

3 月
March

事業 ★★★★
財運 ★★★
愛情 ★★★
功名 ★★★★
健康 ★★★
鴻運日 4、23

福星高照之下，這陣子的羊朋友在工作上的表現十分卓越，也許是拿下某位大客戶的訂單，也可能是推出自有商品後，銷售成績亮眼。從事藝術相關工作的羊朋友，最近更是創意湧現，靈感十足，所呈現的作品令人驚艷，甚至可望在大型比賽中脫穎而出。

雖然事業運興旺，但人際關係上卻有不少糾紛，可能會因言語溝通不當而和人產生誤會，且對方四處散播對你不利的評價，影響你的名聲。建議找合適的中間人出面協調，幫你扳回一城。

另外，近期購物時要小心詐騙，尤其是網路購物，最好上商品的官網或者在有信譽的電商平台上採買，千萬別輕信一頁式廣告，以免消費後發現是騙局一場，甚至信用卡被盜刷，損失慘重。

4 月
April

事業 ★★★★
財運 ★★★
愛情 ★★
功名 ★★★
健康 ★★★
鴻運日 10、14

最近在事業上，屬於既開心又緊張的時期。開心的是羊朋友有機會升官加薪，擔任團隊的主帥，但同時間，卻要面對更多陌生挑戰，例如過往你多半在實體店面銷售，現在要轉型經營電子商務；又或許你被派任至外地，負責整頓分公司的業務，創造更高利潤。

雖然一下子要面對各種全新的狀況，並要在最短時間內上軌道，但幸好羊朋友能發揮沉穩應對的特質，並以縝密通盤的計畫取勝，讓眼前的難題一一得到化解，並能凝聚人心，讓眾人更樂於為你效命。

感情上則陷入低潮期，單身者雖然有心儀對象，卻難投其所好並讓對方傾心，導致關係停滯不前。有伴的羊朋友疏於陪伴另一半，各忙各的讓彼此的交集變少，關係也冷了下來。

事業 ★★★★
財運 ★★★★
愛情 ★★★
功名 ★★★★
健康 ★★
鴻運日 9、12、21

延續前一個月的事業好運，羊朋友在這個月更能掌握狀況，並把繁雜的事物去蕪存菁，讓所有事務運轉得更順暢，並能發揮團隊的向心力，團結一致地達成目標。亮眼的績效讓你成為公司內部的當紅炸子雞，備受老闆倚賴。

財運也相當順遂，除了業績獎金高漲外，在投資上也因為你花費不少時間精力做研究，而能妥善地分配資金，並以最佳的操作方式賺進理想的利潤，如願獲得豐厚的進帳。

相較於事業及財運，健康運則稍差了一些。最近的羊朋友可能會因過度忙碌而容易腰痠背痛，或是在應酬場合中被人傳染感冒，且可能會發高燒。建議身體不適時要趕緊就醫，以免病況越來越嚴重，讓元氣大傷就划不來了。

事業 ★★
財運 ★★
愛情 ★★
功名 ★
健康 ★★
鴻運日 15

事業運下滑許多，某些自信能表現良好的工作，卻因過於自滿而疏忽了細節，讓成果遠不如預期。另外，也因為受到合作夥伴的拖延，導致某些工作項目進度落後，對業績造成嚴重影響，也讓你在公司的地位搖搖欲墜。

就學中的羊朋友近期考運也較差，由於沒有切實地掌握學習要領，某些科目的表現不盡理想，加上考前準備方向錯誤，最後考試成績慘不忍睹，讓你的心情跌入谷底。

感情運也偏弱，單身的羊朋友鼓起勇氣向心儀對象告白，結果卻遭到對方拒絕，讓你感到很傷心，陷入失戀的灰色情緒之中。有伴的羊朋友將負能量帶到兩人世界中，讓另一半大喊吃不消，對你的抱怨也日漸增多，兩人關係呈現低迷。

7月 *July*

事業 ★★★★
財運 ★★★
愛情 ★★★★
功名 ★★★
健康 ★★★★
鴻運日 **5、17、24**

這個月的事業運趨向平穩，經過一番沉澱，思索出解決難題的方法，讓原本幾乎要放棄的項目，又有轉圜的生機。同時間，隨著人緣開展，無論在工作上還是生活上，都可望獲得更多的貴人相助。只要你能妥善運用這些人脈資源，將可無往不利。

事業上的好運，讓心情變得更加開朗，連帶身體狀況也跟著好轉。你這陣子可多參加一些健身課程，適時地運動可以幫助你改善陳年老毛病，並且擁有健康的體魄，整個人會更有自信。

受到桃花吉星的加持，近來愛情運勢非常好，單身的羊朋友身邊圍繞著眾多的追求者，你可從中挑選出合適的交往對象。有伴的羊朋友則跟另一半有機會好好溝通，讓感情再度回溫。

8月 *August*

事業 ★★
財運 ★★
愛情 ★★★
功名 ★★
健康 ★★
鴻運日 **12、15**

由於對他人過度信任，反而讓羊朋友受到牽連。這陣子職場運不佳，因為同事進度落後，耽擱到你的工作排程，主管認為你應該要負責管控流程，因此要你背負所有的責任，儘管你覺得不公平，卻也莫可奈何。

另外，當老闆的羊朋友，也要格外注意員工的誠信問題，有些人可能會過度誇大自己的能力，等到要實際驗收成果時，卻又問題一堆，有些品質低劣，還會影響到商譽，不可不慎。而在合約簽署上，也要格外謹慎，不可輕信他人而未做全面檢視，小心在日後造成嚴重的糾紛。

最近家中長輩的健康有狀況，要格外注意，假使出現不舒服的症狀請趕緊就醫，徹底檢查並及早治療。

9月 *September*	事業 ★★★ 財運 ★★★★ 愛情 ★★★ 功名 ★★★★ 健康 ★★★ 鴻運日 **10、13、25**

只要保持謙虛的態度，本月的生活會順遂許多，人際關係也將大為改善。你最近會面對許多瑣碎繁雜的事務，甚至有些歸他人主導的工作，因為主管要求，讓你從支援的角色變成主要執行者。假使你能將這些過程當作磨練，而不要執著於主管公不公平，未來都會成為評斷你貢獻度的一部分，相信會讓你拿到極高的評等。

此時也是獲得女性貴人相助的好時機，想求職的朋友，可多向身邊女性朋友詢問工作機會。

就學中的羊朋友，也可透過女性貴人提升課業表現，你可能會遇到一位優秀的女老師，在課業上對你有諸多啟發。另外，也可多向學姐或成績優異的女同學請教，同樣能獲得許多助益。

10月 *October*	事業 ★★★★ 財運 ★★★ 愛情 ★★★ 功名 ★★★ 健康 ★★ 鴻運日 **8、29**

這陣子羊朋友有機會獲得拔擢而晉升為主管，然而，「新官上任三把火」，你為了公司的前程大興改革，無形中得罪許多人，某些被你調任或降職的同事，更是懷恨在心，讓你成為內部派系鬥爭的箭靶。此時，你跟人相處一定要平和有禮，將有助於化險為夷。另外，也要適時地找有力的貴人相助，提供更多的後盾，幫助你化解人事上的紛爭，協助你完成改革的藍圖，順利減輕公司的負擔。

近期也是較容易發生意外的時期，開車族要多留意路況，以免發生交通事故。此外，這個月要去攀登高山的羊朋友，一定要做足準備，假使你感到身體有些不適，切莫逞強前往，以免到時後悔莫及。

11 月

事業 ★★★
財運 ★★★
愛情 ★★
功名 ★★★
健康 ★★
鴻運日 10、14、23

經由貴人指點，羊朋友這陣子在人際關係上有顯著的提升，先前誤解你的人將有所改觀，進而樂於與你合作，讓在進行中的專案能更快地運作。另外，你也會在這個月與重要的廠商做異業聯盟，讓商品擁有極高的曝光率，受到更多人的關注，銷售業績也跟著攀升。

眼看工作運更上揚，羊朋友自然會想把握時機一展身手，拚命地跑客戶，下班後的飯局應酬也增多，因此影響到你的感情世界。有伴侶的羊朋友，除了對另一半較為冷落之外，也因為來往的人變複雜，誘惑增多，要提防別陷入三角戀或不倫戀情中。至於單身的羊朋友，則要對追求者的甜言蜜語持保留態度，對方可能只是玩一玩，小心落入愛情陷阱中。

12 月

事業 ★★
財運 ★★
愛情 ★★★
功名 ★★
健康 ★★
鴻運日 14、18

工作上遭受突如其來的打擊，原本洽談中的客戶，竟然轉向和其他公司合作，讓全心全力投注在此專案上的羊朋友落得一場空。又或者上架販售的商品，遭人客訴品質不佳，經查核發現是品管出了問題，而你必須為此錯誤負責，甚至遭到資遣，不得已失去工作。

財務上也可能將損失大筆金錢，有投資習慣的羊朋友，此時一定要保守，你很可能太過自信而選擇錯誤的投資標的，最後遭到套牢。另外，出門在外也要小心隨身財物，以防遺失或者遭竊。

健康運也下滑，因為工作上各種無法掌控的狀況，讓羊朋友長期處於焦慮狀態中，熬夜失眠更成了家常便飯，建議此時可參加一些禪修課程，有助於穩定情緒，改善健康。

Monkey

第 11 名

猴

順應變化年

吉星│驛馬、月空、天解、解神
凶星│歲破、歲刑、破碎、大耗、
　　　浮沉、羊刃

對於猴朋友而言，今年是個變化無窮、動盪不定的一年，不論是事業、家庭或人際關係都會面臨諸多突發狀況，讓猴朋友疲於應付，也容易因此心情低落。如何順應情勢，當機立斷地應變，並從中尋找解決的攻略，是猴朋友今年最重要的課題。建議你正向思考，以沉穩之心面對外在環境的起伏，就可以安然度過難關。

事業好運指數 ★★★

事業上迎來大變動，譬如組織內部人事異動，新主管強硬的行事風格令你難以適應；又或者被公司調往他地而舉家搬遷，需要重新熟悉新的工作場域及事務。雖然過程讓你感到身心俱疲，但新環境也為你帶來新機運，只要你能保有迎接挑戰的正面動力，積極地發展自我潛能，便能化逆境為順境，開創出不凡的天地。

財運好運指數 ★

受到凶星「大耗」影響，今年容易因為各種變化而增加開銷，譬如因居家搬遷而多出裝潢費用；或者要到較遠的地點上班，而必須添購新車。此外，你也可能會遇到破財災厄，例如被人盜取現金，或者借錢給他人，對方沒還錢就落跑了。建議你今年盡量避免跟人有金錢往來，若與人合資做生意，也要格外謹慎小心，以免發生財務糾紛。

愛情好運指數 ★★

今年的愛情運較為低迷，單身的猴朋友雖有喜愛的對象，但對方卻已心有所屬，對你毫無心動的感覺，讓你十分沮喪。建議適時地轉念，走出失戀的陰霾，才有機會遇到更合適的對象。有伴侶的猴朋友容易為小事與伴侶發生爭執，或因工作壓力過大而遷怒另一半，導致兩人的關係出現裂痕，必須克制自己的情緒，才不會越吵越僵。

功名好運指數 ★★

今年的功名運勢稍嫌低落，容易因外務干擾而打亂原訂的學習計畫；就學中的猴朋友若有參加課後補習，可能會因不得已缺課而進度落後，考試成績自然也不盡理想。在職場打拚的猴朋友，若想在今年爭取升官機會，可能會希望落空。直屬主管認為你的表現未達預期目標，希望你再多努力，日後看成果再決定是否讓你擔任更重要的職位。

健康好運指數 ★★

受到「羊刃」等凶星入駐，今年猴朋友要格外小心意外發生，拿取文件時要當心，別被紙張割傷，平日使用刀具等尖銳器物時，也要避免使用不當而受傷流血。另外，猴朋友也要注意控管情緒，不要動輒發火而影響身體健康，建議你心情浮躁時，可打坐冥想來安定情緒，並且保持一週三次的運動習慣，讓身心更加愉快。

化煞小提點

受到「歲破星」入宮的影響，容易動盪不安，並可能會發生財物耗損以及身心虛耗等狀況。沖太歲的這一年，建議你於農曆元月十五日元宵節前至廟宇安太歲燈祈福，也別忘了在壬寅年臘月廿四日送神日，祭神以感謝神明護佑。平時更要多做煙供，祈請諸佛菩薩加持，增長自身福報，並回向給各路冤親債主，讓運勢更平安順遂。

Monkey

猴

農曆流月運勢

1月

事業 ★★★
財運 ★★
愛情 ★★★
功名 ★★★
健康 ★★
鴻運日 8、20

January

這個月對猴朋友來說，是一個迂迴曲折的月分。在工作上，你臨危受命需在短時間內完成某項不熟悉的項目，雖然你有些不甘願，但因人手不足，只好硬著頭皮上陣，一人多職地拚命完成目標。即便面對沉重的壓力，但樂觀的猴朋友卻能適時轉念正面思考，最終如期達成目標，獲得升官的機會。

而在財運上，此時屬於起伏不定的時期，假使你過於相信直覺，到時很可能認賠收場。因此，建議你多向懂得理財投資的長輩請益，在對方的指點下，你將能夠避開風險及危機，以最穩當的方式獲得理想的利潤。

在學中的猴朋友若能向學長姐多討教，成效遠勝於自己埋頭苦讀。善用貴人好運，相信定能如願獲得好成績。

2月

事業 ★★★★★
財運 ★★★★★
愛情 ★★★
功名 ★★★★
健康 ★★★
鴻運日 1、15

February

近期工作運興旺，若能把握時機努力開展事業，將能拉大格局，以最卓越的表現贏得眾人的讚賞。天生聰穎、反應靈敏的猴朋友，若一直安於現狀，就太浪費你的天賦了！盡量發揮創意，並且追求更多的新穎表現，將能讓你順利脫穎而出，成為真正獨當一面的人。

想要創業的猴朋友，本月是個好時機。你將有機會跟擁有共同目標的朋友合作，彼此默契十足、步調一致，穩紮穩打地實現夢想。另外，對想轉職的猴朋友來說，會遇到非常合適的機緣，順利獲得理想的職位。而在這段過程中，可能會遇到眼紅你表現的人，在背後給你穿小鞋。但你不用太介意，持續保持平穩，便能化解違緣障礙。

3月
March

事業 ★★
財運 ★★
愛情 ★★
功名 ★★
健康 ★
鴻運日 22、29

4月
April

事業 ★★★★
財運 ★★★★
愛情 ★★
功名 ★★★
健康 ★★★
鴻運日 11、14、23

事業運為之暴跌，你所主導的團隊，在經手一個重大案子時出了差錯，讓你被上司責怪督導不周，頓時成為黑名單，甚至還可能因此被降職減薪。另外，從事創意工作的猴朋友，最近也會被客戶批評新意不足，打算跟其他人接觸，讓你痛失重要的合作對象。

愛情運也超不順遂，單身的猴朋友鼓起勇氣向心儀對象告白，卻被對方冷冷拒絕，並可能就此跟你斷絕往來，讓你感到十分心痛。已有伴侶的猴朋友，最近與另一半的關係不太和睦，或許你發現彼此的價值觀有落差，即使試圖與對方誠心溝通，卻依然得不到共識，甚至因此起口角，讓感情受到很大的傷害。建議你先冷靜下來，給彼此一些思考空間，才會有轉圜的餘地。

事業運回溫，在危危欲墜的狀態中，遇到有力的貴人出手相助，幫猴朋友從谷底翻身，重新站穩腳步。但也因為此人的出現，職場上許多同事對你頗為吃味，若你也對他們的態度感到不滿而反脣相譏，結果就是落入更多的紛爭，樹立更多的敵人。建議你「話到嘴邊留三分」，切勿脫口而出傷人的言語，對公事運作上沒有任何好處，只會帶來更多的阻礙。

生活上也因為有貴人協助而順風順水，比方想要尋覓新居住地的猴朋友，在親友的介紹下找到住處。又或者想要上某些職訓課程，也因為老同學的推薦而以更優惠的價格報名成功，對你日後的轉業提供偌大的助力。

就學中的猴朋友，本月運氣不錯，獲得名師指點，應考實力倍增。

事業 ★★★
財運 ★★★
愛情 ★★
功名 ★★★
健康 ★★★
鴻運日 6、11

工作表現持平，屬於在穩定中求發展的狀態，可望以扎實的能力獲得主管的認可，逐漸交付你更多的重要職務，或者培植你成為團隊領導的接班人，參與各種重要事務，讓你在公司的地位更加提升，也更有機會在老闆及決策高層面前展現身手，贏得眾人的好評。

另外，此時對從事公職的猴朋友，也是運氣較佳的時期。一些你想實現的目標，極可能在這個月逐一實現，只要保持穩定的情緒，不要太過急躁，按部就班地前行，便可以平實的作風贏得主管的青睞。

財運上屬於好壞參半的狀態，此時猴朋友會收到多方的投資建議，如何判斷篩選對自己最有利的訊息，則需仰賴智慧。切莫太過衝動，以免造成虧損。

事業 ★★★
財運 ★★★★
愛情 ★★★★
功名 ★★★
健康 ★★
鴻運日 4、12

事業上可望獲得新契機，例如調任其他更具發展性的部門，或者轉職到新創行業，這讓樂於嘗試新事物、接受挑戰的猴朋友非常開心，興致勃勃地提出許多方案與同事討論，從中選取最能吸引年輕人目光的商品，極盡所能地行銷宣傳，在網路上博取最佳的聲量。

此外，猴朋友此時也可能至外地發展，結合你既有的經驗，讓所有的作業流程暢通無阻，順利創下優異的業績，賺得豐沛的業務獎金。

在感情上也是好運不斷。單身的猴朋友因朋友介紹，認識一名氣質脫俗的對象，讓你十分心動，可望順利與對方開啟一段情緣。有伴的猴朋友則與另一半迷上戶外運動，假日時常爬山、健行，四處遊山玩水，也讓關係更緊密。

7月 *July*

事業 ★★
財運 ★★
愛情 ★★★
功名 ★★
健康 ★
鴻運日 10、23

在職場上遇到對你充滿惡意的小人，不僅在你與高層主管之間挑撥離間，還暗地破壞你的聲譽，讓往來廠商對你的印象不佳，甚至拒絕與你合作，造成你業務上莫大的影響。

不甘處於挨打狀態的猴朋友，極有可能反擊惡搞的小人，適度表態確有必要，但切記不要太過頭，過度激烈的言行衝突，可能會讓理直氣壯的你站不住腳，沉穩以對才是化解難關的好方法。

健康運較低落，近期的一些紛爭嚴重影響你的心情，導致飲食不正常，不是氣到沒食慾，就是突然間暴飲暴食，引發腸胃不適，對身體形成不小的傷害。建議你不管再忙再累，都要讓自己養成三餐定時的習慣，才不會因一時的失意而拖垮身心，形成惡性循環。

8月 *August*

事業 ★★★★
財運 ★★★
愛情 ★★
功名 ★★★
健康 ★★★
鴻運日 6、17

近期猴朋友可以多展現積極主動的一面，因為吉星加持，你這陣子魅力無限，容易成為焦點，你的一言一行也具有極大的影響力及說服力。如果你是網紅、藝人等公眾人物，此時更是你累積高人氣的好時機。建議猴朋友盡量多說好話、多行善，傳遞更多的正能量，自己也會獲益良多。

正因為你到哪都容易吸引他人的目光，在感情生活上要格外謹慎，單身的猴朋友切莫被追求者的甜言蜜語沖昏頭，一下子就墜入愛河中，萬一發現對方已有交往對象，就後悔莫及了。建議多方打聽對方的人品與交友狀態，以免愛錯人。另外，有伴的猴朋友也要提防爛桃花纏身，自己要把握好分寸，以免捲入複雜的情感關係中。

9月
September

事業 ★
財運 ★★
愛情 ★★
功名 ★★
健康 ★
鴻運日 **11、23**

這個月猴朋友處於諸事不順的狀態，想在事業上求得更好的表現，結果卻一再碰壁。雖然你自認很努力，但是成果卻不令主管滿意，認為你欠缺良好的行銷能力，無法為公司帶來更多的商機，甚至希望你自請離職，讓你感到氣憤又傷心。

跟外部廠商接觸上也狀況連連，對方反覆的態度，讓你的企畫案一改再改，但對方又遲遲未允諾合作，讓你十分焦急，卻又無可奈何。

而在這多事之秋之際，猴朋友還得小心家中長輩的健康出狀況，例如有慢性病的長者，最近變得更加虛弱，又或者對方一不小心就跌跤，造成筋骨受傷，甚至必須要住院治療。你在煩心之餘，需讓自己轉念，以免負面思維盤據在腦海中，連帶影響到自己的健康。

10月
October

事業 ★★★
財運 ★★★
愛情 ★★
功名 ★★★
健康 ★★★
鴻運日 **18、26、30**

一些卡關多時的事務，在這個月可以順暢地運作，對好一陣子都苦無表現的猴朋友來說，是絕佳的好消息，能夠讓你再度大放異彩，讓主管對你讚不絕口。從事女性相關行業的猴朋友，最近運勢更是順暢無阻，販售的商品如美妝、女裝等，都獲得非常好的銷售成績，讓你的荷包滿滿。

另外，你也可能經由女性貴人的指點，擁有更多開闢財源的方式，加上這個月猴朋友有極佳的偏財運，可以向女性的理財專家請教投資方案，選擇正確的標的，將能讓你在短時間內，順利增加更多的被動收入。

而在感情運上，單身的猴朋友與心儀對象間的交集漸少，脫單不易。有伴的猴朋友與另一半聚少離多，也讓感情轉淡不少。

11月
November

事業 ★★★★
財運 ★★★★
愛情 ★★★
功名 ★★★★
健康 ★★★
鴻運日 **25**

這個月對猴朋友而言，是積極追求成功的月分，你努力地開拓更多客源，並透過各大網路平台及媒體的曝光，打響品牌名號，業績跟著水漲船高。另外，有些猴朋友還能帶領品牌進軍海外市場，創造更大的利益。

事業運一路飆漲的同時，財運也連帶著向上攀升。除了業績帶來的豐厚獎金外，猴朋友也可望在投資市場上有所收穫，此時你的判斷力極佳，能掌握天時地利，獲利十分令人滿意。

雖然事業及財運都很順遂，但人際關係方面卻要提防有心人士的陷害，此時可能會遇到主動找你合資做生意的人，記得口說無憑，對方所提出的方案都要簽訂具法律效力的合約，且要找專業的律師或法律顧問審核，以免產生糾紛而對簿公堂。

12月
December

事業 ★★★★
財運 ★★
愛情 ★★★★
功名 ★★★
健康 ★★
鴻運日 **3、20**

工作運勢會伴隨你的企圖心而攀升。擁有極佳創意的猴朋友，能結合更多有趣的影音圖像，活潑地呈現商品，在網路上獲得熱烈的回響。另外，你也可與網紅合作，幫助你拉抬更多業績，而這些靈活又新鮮感十足的手法，可望得到公司高層的支持，讓你無後顧之憂地發揮創意。

至於就學中的猴朋友，則可於近期找到全新的讀書方式，幫助你提升記憶力，快速做好更多的重點歸納，讓成績越來越好，名列前茅。

感情世界更是甜蜜繽紛。單身的猴朋友可於近期參加社團活動時，認識心靈相契的對象，順利擁抱戀情。已婚的猴朋友則與另一半相互扶持，對方的耐心及溫柔，常令你感動不已，也讓關係更加穩固。

第7名

雞

事緩則圓年

吉星｜月德

凶星｜刮煞、死符、小耗

今年有具解厄制化功用的「月德星」進駐，為雞朋友帶來諸多好運，一些煩人的瑣事可望在短時間內化解，即使遇到難關，也可以迎刃而解。雞朋友可能會因仗義執言，而捲入某些是非之中，甚至得罪同儕。建議你待人處事需更圓滑，與人溝通時要盡量理直氣婉、以柔制剛，切莫用咄咄逼人的態度說話，如此一來，行事將會更順遂，也更容易達到預期的目標。

事業好運指數 ★★★

今年的工作運堪稱平穩，除了原本的工作外，你還可能經由好友引介而有經營副業的機會，開啟斜槓人生。另外，你也會透過身邊貴人獲得重要的職能訓練資訊，因而增加職場競爭力。而在處理事務上，有時會遇到一些小事跟客戶或同事無法達成共識，此時勿操之過急，以免說錯話或做出錯誤的判斷，以和緩的態度來應對進退，將有助於事務運作順暢，最終獲得良好的成果。

財運好運指數 ★★

在財運上，今年屬於財來財去的狀況，雖然會增加收入來源，但同時間也有許多應酬開銷，經常忙了一大圈後，發現自己的存款並沒有明顯增加。喜歡時尚感及流行精品的雞朋友，今年還可能花大錢增添行頭，無形間又讓自己的荷包變薄了。建議你要做好財務分配及管理，別養成花錢紓壓的習慣，這樣才能留得住財，也不會在需要用大錢的時候，懊惱平日沒有好好儲蓄。

愛情好運指數 ★★★

今年的感情運勢平穩，單身的雞朋友由於業務繁忙，加上參加許多商業聯誼活動，增加不少認識新朋友的機會，可望從中遇到理念相同且擁有相似價值觀的對象，並有機會展開一段平穩的戀愛關係。有伴的雞朋友十分重視與另一半的相處時光，即便再忙再累，都會安排屬於兩人的休閒生活，讓感情不會因各自繁忙而轉淡，而且經常會買一些精美小禮物令伴侶驚喜，讓關係更加如膠似漆。

功名好運指數 ★★★★

今年的考運頗佳，對必須參加大型國家考試或學測的雞朋友，是一個偌大的好消息。你只要在課堂上認真聽講，老師所傳授的知識均能充分吸收，加上運用舉一反三的聰穎思考，答題上將可如魚得水，順利贏得高分。至於想升官的雞朋友，今年也是一個好時機。你的某些才能備受上司肯定，加上還有其他公司試圖挖角，讓你的上司開出加薪升官的條件，希望能穩定你的心，讓你有更好的發揮空間。

健康好運指數 ★★

健康運偏弱，原本就比較容易緊張的雞朋友，今年因工作內容增多，讓害怕出錯的你精神緊繃，且經常不知不覺就忙到三更半夜，讓睡眠時間為之縮減。長期下來，恐會出現自律神經失調，或是發生暈眩、拉肚子等不適狀況。建議你凡事要放慢腳步，每天固定時間做瑜伽，或閱讀養生、心靈成長類書籍，別將心思過度集中於事業上，身心才會更平衡。

化煞小提點

「死符」凶星入駐，容易出現飛來橫禍與染病的機會，以及發生病痛纏身、體力不濟等情形。建議平時可多飲用檸檬多酚，以增強身體免疫力，並可隨身佩戴刻有《藥師佛心咒》的飾品，或多持誦《藥師佛心咒》，祈願健康平安；出外返家後，更需以艾草平安皂淨身，洗去不潔穢氣，安定身心。

雞

農曆流月運勢

1 月
January

事業 ★★★
財運 ★★
愛情 ★★★
功名 ★★★
健康 ★★
鴻運日 5、21

在貴人的相助下，這個月雞朋友所遇到的障礙困難，都可望能順利化解。例如你可能會跟某同業一起爭取同一個客戶，最後在貴人的力挺下，順利贏得合作機會。又或者，你經人介紹而進軍陌生的市場，讓你的商品擁有更多的販售平台。

財務上雖然進帳穩定，但此時你需應付許多開銷，例如新家的裝修費、因應通勤需要而購車的費用等，必須做好金錢上的分配，並在一些不必要的支出上盡量精簡，才能省得了錢。

這個月容易感冒，出門時要注意氣候變化，記得保暖，以免不小心受寒，同時也要留心過敏狀況。另外，需經常

應酬說話的雞朋友，更要懂得保養喉嚨，多補充水分，以免話說太多而引起喉嚨發炎。

2 月
February

事業 ★★
財運 ★★
愛情 ★★
功名 ★★★
健康 ★★★
鴻運日 2、23

事業處於顛簸動盪時期，某些原以為能順暢無阻的事務，卻遭到有心人士刁難，而不得不擱置一旁，甚至得打掉重練，一切重新來過，讓雞朋友感到很不開心，卻又只能無奈地接受現狀。

想創業的雞朋友最近也很不順遂，不管是找店面還是找合作夥伴，都受到許多阻礙，令你心急又煩躁。假使短時間內無法改變現狀，建議你不如放寬心，時來運轉時，一切自然會好轉。

感情生活處在波折不斷的時期。單身的雞朋友雖有機會認識新朋友，但對方與你難以產生火花，只能繼續等待良緣。有伴的雞朋友因工作上的不順遂而心情不佳，常因一點小事便遷怒另一半，讓彼此關係降至冰點，陷入冷戰。

3月

March

事業 ★★★
財運 ★★★★
愛情 ★★
功名 ★★
健康 ★★★
鴻運日 **22**

4月

April

事業 ★★
財運 ★★
愛情 ★★★
功名 ★★★
健康 ★★
鴻運日 **12、16、24**

　　告別持續多時的陰霾，這個月雞朋友將迎來事業的高峰。你將有機會被大企業挖角，擁有更優渥的待遇及職位，甚至能組織屬於自己的忠心團隊，一同為未來打拚。而留在原職場的雞朋友，近期也因為業績亮眼、企畫案受到客戶喜愛，而獲得主管賞識，進而擁有升官加薪的機運。

　　鴻運當頭的雞朋友，即使遇到同業競爭，仍難擋你的氣勢。你經手行銷的商品，將會順利打敗同質性的商品，成為熱銷排行榜的第一名。另外，有意尋覓金主創業的雞朋友，也可望於近期結識合適的人士，為開展事業踏出成功的第一步。

　　在財運的部分，此時也有利於投資，只要你做足準備，選擇合適的標的，就可賺取極佳的利潤。

　　在事業上遇到嚴重的瓶頸，背負著業績壓力的雞朋友，近期可能因為一些誤會而喪失長期往來的大客戶，損失重要訂單，讓你備受老闆的責難，同事也對你冷眼相待，內心非常不好過。

　　另外，仍在待業的雞朋友，原以為將獲得一個極佳的工作機會，沒想到在最後階段卻被刷下來，令你相當沮喪，只能收拾難過的情緒，繼續尋覓工作。

　　此時的健康運，也因為生活上的不順遂而大受影響，經常處於憂慮中的雞朋友，常三更半夜不能成眠，失眠一晚後，隔日的精神狀態更差，讓你無法專注於工作上，免疫力也下滑，身體非常虛弱。此時你一定要好好調養，為自己安排一趟放鬆身心的旅行，暫忘煩憂，好好充電一番。

事業 ★★★
財運 ★★★
愛情 ★★
功名 ★★★
健康 ★★★
鴻運日 11、19

在一片不看好的聲浪中，雞朋友可望在此時異軍突起，令人刮目相看。從事創意工作的雞朋友，將因某件作品獲得大客戶青睞而瞬間爆紅，吸引更多的廠商前來與你洽談合作。另外，你也可能因解決公司內部一直無法妥善處理的業務流程，而受到老闆的信賴，成為主導公司業務的高階管理者。

伴隨著事業運的提升，感情運也跟著興旺起來，但除了正桃花外，爛桃花也跟著來。單身的雞朋友雖然遇到不少人對你釋出好感，但要冷靜地觀察每個人的言行舉止，以免遇到愛情騙子，破財又傷神。已婚的雞朋友更要緊緊地抓住心中的那把尺，不要因一時心動而背叛另一半，傷人又傷己，保持簡單的感情生活，才能讓你的人生更正向。

事業 ★★★★
財運 ★★★★
愛情 ★★★
功名 ★★★★
健康 ★★★
鴻運日 1、13

此時是升官發財的好時機，雞朋友因為長期累積的實力，獲得主管的提拔而成為一級主管，擁有更多的決策權，以更好的效率來解決難題，拓展業務。

另外，從事軍公教職的雞朋友，最近也是好運不斷，除了屢獲長官的肯定，也很有機會以極佳的評等再晉級。不過，就在雞朋友不斷往上爬的同時，要小心嫉妒你的人在背後扯你後腿，也許一時半刻對你形成不了傷害，但長期下去，還是會對你的名聲有影響。建議你找有力人士出面溝通，還你清白，讓困擾多時的流言得以平息。

想在課業上更精進的雞朋友，也可以好好把握此時機，你將會遇到有耐心又善於掌握重點的名師指點，讓你的課業進步神速。

7月 *July*

事業 ★★★
財運 ★★★
愛情 ★★★
功名 ★★★
健康 ★★
鴻運日 **11、23**

8月 *August*

事業 ★★★★
財運 ★★★★
愛情 ★★
功名 ★★★
健康 ★★★
鴻運日 **14、26**

事業上遇到一些前所未見的狀況，必須發揮你機智的本能，靈活運用策略及人脈，才能順利通關，讓產品生產不受影響。此外，這個月雞朋友很可能被調離原職位去掌管新部門，背負著在短時間內衝高業績的壓力，雖然讓雞朋友處於緊張狀態中，但還好你的應變能力十足，能快速地掌握狀況，突破難關，讓事情持續往好的方向發展。

由於工作進程緊張的影響，近期雞朋友發現自己的健康也往下走，一來是你經常熬夜，導致身心休息不足，二來是你終日忙碌，欠缺適度運動，身體變得較差，容易罹患氣管方面的毛病，而且一咳嗽就咳上大半個月。建議你做全身檢查，掌握身體狀況好好地調養，以免小病累積成大病。

事業上可望因貴人的提拔，讓你成為主力戰將，為公司創造更多的佳績，並成為職場上的風雲人物，帶領團隊開創更多的版圖。另外，對從事政治財經相關工作的雞朋友來說，此時是一個極幸運的時期，很容易心想事成，並能獲得對方的協助，幫助你更快實現理想，達到預期的目標。

財運非常順遂，可望經由正確的投資方式，賺得更多的利潤。有投資房地產習慣的雞朋友，近期也可從買賣中大賺一筆，收穫滿載。

在感情運勢上，則稍微低落一點。單身的雞朋友雖然試圖引起心儀對象的注意，卻總是錯失良機，讓對方逐漸為他人吸引，而你也只能接受暗戀失敗的結局。有伴的雞朋友容易因口直心快而傷到另一半，建議你準備精美小禮誠心道歉補償，讓兩人重修舊好。

9月 *September*

事業 ★★★★
財運 ★★★
愛情 ★★★
功名 ★★
健康 ★★
鴻運日 8、20

　　此時非常有利於匯聚人氣，以團隊戰的精神開創更寬廣的事業道路，並可讓雞朋友成為眾人矚目的要角，擁有明星一般的光環。建議雞朋友別害羞，可以多方爭取上台表現的機會，並且主動與高層溝通，展現你積極進取的一面，會讓你得到更多的資源，並迅速讓業績高升，獲得更多的利潤。

　　擁有極佳藝術天分的雞朋友，也可善用你的美感，以獨到的眼光開發出精美又充滿吸引力的商品，成功在網路上創造話題，並且得到極好的銷售佳績。

　　而就學中的雞朋友，則要提醒自己別太粗心大意，你有可能忽略課堂上的重點，在枝微末節處猛打轉，以至於抓不住學習的要領，導致成效落後。建議你發揮耐心仔細掌握課本上的細節，才有機會翻盤取得高分。

10月 *October*

事業 ★★★
財運 ★★
愛情 ★★★
功名 ★★★
健康 ★★
鴻運日 3、18

　　工作上出現了一些變數，讓雞朋友有些慌張，但只要你抱持著開放及學習的心態，這些變化非但不會造成你的損失，還可能成為你日後登上高峰的踏腳石。有些雞朋友可能會離開原本的職場，到新單位任職或是找到其他工作，這些嶄新的開始都將引領你走向不同的命運，只要你能穩住自己的情緒，事情都會往好的方向進展，無須多慮。

　　而在財務上，這陣子屬於較不穩定的時期，除了業績獎金不如預期外，在投資市場上賺到的利潤也為之縮水。另外，喜歡靠著消費購物來紓解壓力的雞朋友，最近更要克制，以免最後買出一身卡債，成為經濟上的重擔。

　　近期要特別留意長輩的健康問題，一旦發現對方有狀況，就要趕緊就醫並及早做全身檢查。

11月

事業 ★★★
財運 ★★★★
愛情 ★★★★
功名 ★★★
健康 ★★★
鴻運日 **13、21**

本月事業運持平，但工作上瑣碎的事務增多，必須以更大的耐心及精力來面對，一方面考驗雞朋友的抗壓性，另一方面也是磨練心志的機會，只要你不厭其煩地來回檢視細節，就可以避免更多的錯誤，讓自己更加細心，未來將得到主管更多的信賴，成為對方的愛將。

此時獲吉星加持，雞朋友的感情生活也相當順利。單身的你一直渴望能擁有心靈相契的伴侶，早日脫單。而你的夢想將可在這個月成真。雞朋友可能因為公事往來發現與某位同事格外投緣，相談甚歡，很快地升格為戀人。有伴侶的雞朋友，近來更是人逢喜事精神爽，除了跟另一半的關係和諧愉悅，也可望於近期為家中增添新成員，共築甜蜜溫馨的家庭，擁有幸福美滿的生活。

12月
December

事業 ★★★
財運 ★★★
愛情 ★★★
功名 ★★★
健康 ★★★
鴻運日 **4**

在職場上，雞朋友可能會受到一些不公平的對待，例如不是你主導的事務出了差池，主管卻要你負責，讓你感到有苦難言，十分委屈。但不用擔憂，這個月你頗有貴人緣，只要適時求助，將可獲得有力人士的幫助，讓你獲得平反，而且不會影響你的考績。

另外，由於近期的人際關係往來比較複雜，要格外謹言慎行，不要任意地批評別人，以免落入他人的話柄，成為攻擊你的根源。越是能保持超然的態度，越能安然無恙，遠離職場鬥爭。

想在考場上贏得好成績的雞朋友，此時也是把握學習的好時機，只要你不受外務影響，專注於學習中，你將發現自己的讀書進度大大超前，而且更容易把握要領，在考試時贏得高分。

狗

第 5 名

拓展版圖年

吉星 | 三合、三臺
凶星 | 吞陷、五鬼、地殺、官符、飛符、指背

想要拓展事業版圖的狗朋友，今年可以好好把握良機了！受到「三臺」吉星相助，你將可以成為職場上的風雲人物，引領團隊創下卓越佳績。雖然你將遇到許多足以發揮所長的新機運，但同時間，全新的挑戰也一波接著一波到來。狗朋友需要以更圓融、穩重大度的方式，來增加自己的深度及格局。此外，在工作繁忙之餘，別忘了多注重身體健康，才能走得更長遠！

事業好運指數 ★★★★

由於「三臺」吉星入駐，狗朋友在事業上將擁有許多主導權，認真負責、凡事以身作則的行事風格，也讓你贏得下屬的信任，成為出色的管理者。不過，此時職場上會出現牴觸你的另一派勢力，對你的團隊業務造成直接威脅。建議你必須更加沉穩，以智慧化解人際關係上的鬥爭及紛擾，莫因小人的介入而大動肝火，傷人傷己。你可趁此時鍛鍊自己待人處事的成熟度，對前途定有大助益。

財運好運指數 ★★★

今年在財運上的表現普通，由於業績不斷高升，讓你獲得豐沛的獎金，擁有令你心滿意足的收入。同時間，你的開銷也不少，由於在生活細節上的疏忽，導致你必須增加一些額外開銷，例如大型家電用品、筆記型電腦一件件折損，或是家具損壞，讓你不得不購買新品，這些錢財的流失帶給你許多困擾，建議趁此時積極做好財務規劃，並養成記帳習慣，才能有效地達成收支平衡。

愛情好運指數 ★★★

今年的愛情運勢平穩，單身的狗朋友歷經情海浮沉後，對自己挑選伴侶的喜好越來越清楚，不論是透過交友軟體還是聚餐活動認識的新朋友，你都能從中判斷出誰是最適合交往的對象，並順利與對方展開交流，迅速墜入愛河。有伴的狗朋友，因忙於事業而較少陪伴另一半，讓對方有些埋怨，建議你適時地安排浪漫的約會，與對方重溫熱戀時的感受，有助於穩定彼此的關係。

功名好運指數 ★★★★

今年對狗朋友來說，是相當有利於求取功名的一年。就學中的狗朋友，將會發現自己擁有敏銳的第六感，能迅速掌握課本中的要領，有效率地完成學習進度，順利贏得高分，甚至考取理想中的學校。至於就職中的狗朋友，也將獲得老闆的信任，提拔你升官並交付營運的重責大任，而你也將不負所望，讓公司進入良好的作業模式，再創業績高峰，並在同業中贏得極佳聲譽。

健康好運指數 ★★

今年的狗朋友必須多關注自己的健康狀態，由於你的心思都放在開拓事業上，沒有好好照顧身體，不是忙到忘了吃飯，就是熬夜加班趕報告，耗費大量心力，讓你白天時常感到疲累、精神不濟。建議你重新調整生活秩序，將健康放在第一位，假日時可出門踏青，多接觸大自然來轉換心情，或是在家中養花蒔草，透過植物的能量達到療癒心靈的效果，釋放心頭的壓力。

化煞小提點

受到「五鬼星」入宮影響，需要嚴防小人帶來的危害，例如在背後給你穿小鞋，或向你的老闆進讒言。建議可於辦公場所放置黑曜石擺鎮，有助於防小人、解災厄，同時也能活絡財水，使進財順遂；另外，也可佩戴刻有《咕嚕咕咧佛母心咒》的飾品，能化解惡緣，促進善緣，讓你避開厄運，獲得眾人愛戴。

狗

農曆流月運勢

1月 January

事業 ★★★
財運 ★★★
愛情 ★★
功名 ★★★
健康 ★★★
鴻運日 10、19

工作上將擁有升遷的機會。在某位主管的大力支持下,最近狗朋友將順利升職,然而同時間,也因為頗受厚愛,讓同事對你頗為吃味,背地裡批評聲不斷,檯面上也多跟你保持距離,讓你有備受孤立的感覺。

雖然可以感受到周遭不太友善的目光,還好狗朋友能以樂觀的態度,來面對這些敵意,甚至毫不介意地買一些食品、禮物贈送給同事,而你的慷慨大方,會逐漸改善某些人對你的觀感。

感情上煩惱較多,單身的狗朋友,想與心儀對象多相處以增進感情,但對方卻忙到分身乏術,與你的關係越來越降溫。有伴的狗朋友,則因一些流言蜚語而影響另一半對你的態度,兩人常起爭執,火藥味十足,瀕臨分手邊緣。

2月 February

事業 ★★★★
財運 ★★
愛情 ★★★
功名 ★★★★
健康 ★★
鴻運日 13、15、24

職場運變得順遂許多,在旁人的協助下,讓一些迫在眉睫的事務進展得更快速,也讓狗朋友率領的團隊備受老闆讚許。同時間,你的人際關係將獲得改善,旁人對你的誤會煙消雲散,甚至一反過去的負評,轉而肯定你的實力。

另外,此時也是拓展業務的極佳良機,貴人運興旺的狗朋友,有好的企畫點子就大膽提出吧!別擔心太過新穎而遭到否決;相反地,你會因為勇於創新受到老闆及大客戶賞識,讓你有機會一圓夢想,將創意落實呈現。

財運稍微低落,可能因意外之災損失金錢,例如皮包沒關好而掉錢,或遺失中獎的發票,讓你懊惱不已。平日要多注重身邊的財物,避免粗心而破財。投資上也要保守一點,以免被套牢。

3月 March	事業 ★★
	財運 ★
	愛情 ★★
	功名 ★★
	健康 ★★
	鴻運日 7、22

4月 April	事業 ★★★★★
	財運 ★★★★
	愛情 ★★★★
	功名 ★★★★
	健康 ★★★★★
	鴻運日 14、28

這個月對狗朋友來說，是個倍感艱辛的月分。在工作上，因為跟其他部門的合作出了問題，導致整個專案被高層否決，連帶讓你的能力遭到質疑。雖然你試圖為自己辯解，卻有越描越黑的感覺，非但得不到諒解，反而讓主管對你動氣，讓你更加沮喪。

此外，這個月財運不濟，狗朋友盡量避免與人有金錢往來。做生意的狗朋友，在跟人合資時千萬要小心，記得要仔細檢視合約，也不要輕易借錢給旁人，以免遭到欺騙。

健康運也較為低落，經常處於緊繃狀態的狗朋友，即使下了班，滿腦子仍不斷地糾結打轉，搞到精神耗弱，睡眠品質也變得很差。建議你在睡前做瑜伽、點薰香精油燈、聽聽輕柔的音樂，幫助你放鬆身心並改善健康狀態。

事業運如日中天，狗朋友能夠掌握要領，努力往前衝刺，不管是事務的運作流程還是最後成品的展現，都能充分掌握細節，拿出傲人成果。而辛苦的付出之後，狗朋友也將迎來豐碩的收穫，不論業績表現還是被拔擢升官，此時你意氣風發，可大享成功的滋味。

想要找尋工作的狗朋友，最近有機會透過朋友介紹，認識某公司的重要高層，並得到對方的青睞而成為空降部隊，在新職場上擔任管理職，帶領團隊齊心作戰。

仍在就學中的狗朋友，近期也將更專注於課業上。過去困擾你的人際關係或社團活動，將不再是阻力，而你專心學習的結果，也將順利拿下令人滿意的高分。

5 月 May
事業 ★★★★
財運 ★★★★
愛情 ★★★★
功名 ★★★
健康 ★★★
鴻運日 9、12

6 月 June
事業 ★★★★
財運 ★★★
愛情 ★★
功名 ★★★
健康 ★★★
鴻運日 14、26

挾帶著前一個月的強大氣勢，這個月狗朋友更致力於排除萬難，展現一定要達成目標的決心。在你的精神鼓舞下，所率領的團隊能團結一致地往前衝刺，不計較個人得失，一心只想盡快達成目標。而你的領導力自然也讓老闆刮目相看，可望因此躍升更高的職位，帶領公司往更有前瞻性的未來邁進。

在你堅強的意志之下，所有的難關都可以順利度過。狗朋友這個月可談定已經接觸多時的大客戶，順利拿下一筆重要訂單，也因此打開好口碑，讓更多的廠商樂於跟你合作。

健康上大抵還算不錯，唯獨要小心意外災害。在家中使用火燭時，一定要格外留心，以免不慎引起火災。另外，出入醫院或殯儀館時，建議隨身攜帶除穢噴霧，隨時用來化解不好的氣場。

擁有極佳貴人運的狗朋友，這個月在洽談客戶或與廠商接觸異業合作案上，都非常順遂，自然而然地就能獲得訂單或者拿下合作機會，也因此讓你成為公司的當紅人物，擔任一級主管的機會指日可待。

同時間，狗朋友也要小心競爭者在背地裡布局，不願讓你一路高升。但狗朋友不用太心煩，記住好運是站在你這邊的！只要你持續實踐目標，就算有再多的流言抨擊，都將無傷於你，甚至讓你贏得另一派人馬的支持，擁有更多衝刺的後盾。

感情運稍有不順，單身的狗朋友雖想盡快脫單，奈何你喜歡的人不喜歡你，而喜歡你的人，你卻又不喜歡，只能持續等待下去。有伴的狗朋友要盡量多點耐心，可減少另一半的不滿，讓關係更和樂。

7月 *July*
事業 ★★★
財運 ★★★
愛情 ★★★
功名 ★★
健康 ★★★
鴻運日 **21、24**

8月 *August*
事業 ★★★
財運 ★★★
愛情 ★★★
功名 ★★★
健康 ★★
鴻運日 **6**

工作上的不確定性增多，例如已經洽談多時的專案，又因合作方的態度模稜兩可，而遲遲無法落實執行。另外，近期狗朋友跳槽或轉業的機率大增，可望經由朋友的介紹，轉往嶄新的領域求發展。然而在轉換的過度期間，難免有許多事務難以立刻上手，此時狗朋友要多一點耐心，並且虛心向旁人請教，才能更快地進入狀況。

另外，最近狗朋友可能有一些天馬行空的念頭產生，雖然自己很樂在其中，然而真的要落實執行，卻是困難重重，建議你還是要考慮現實面的問題，以免讓旁人覺得你不夠腳踏實地。

財務狀況也要稍加注意，避免因一時興起而大買特買，花錢的當下雖然開心，但若是影響到收支的平衡，則要承擔苦果，不得不慎。

一心求新求變的狗朋友，在這個月將如願以償，跟公司請調單位成功，從內勤轉外務，擁有更多施展的空間。另外，也有些狗朋友會轉調至外地工作，雖然人事物都有些陌生，但會讓你更有面對挑戰的決心，成功地發掘更多的新客戶，開創更多的商機。

因為工作的變動，你將有機會認識許多新朋友，並從他們身上學習到掌握新事務的方式，而他們也非常樂於協助你，讓你盡快上軌道並熟悉眼前的作業模式，一起為事業打拚。

由於應酬增多，讓狗朋友疏於照顧自己的身體，以至於健康下滑，且容易腸胃不適，甚至罹患急性腸胃炎。建議應酬時喝酒要克制，切勿喝過頭而傷肝，另外，飲食上也盡量清淡，才能避免生病。

9月 September	事業 ★★ 財運 ★★ 愛情 ★★ 功名 ★★ 健康 ★★ 鴻運日 **13、25**

狗朋友雖然試圖拓展事業，但近期卻是付出比收穫多，縱然勞心勞力，仍無法達成預期目標，讓你的自信心隨之下滑，鬱悶糾結的情緒讓你的人緣也變差，某些同事認為你不好相處，甚至對你敬而遠之，讓你更加受挫，心生離職的念頭。

財運上也有不少損失，由於過度樂觀，讓你將資金投注在某些錯誤的投資標的上，如今一路看跌，你的心情也跟著跌落谷底。

在一連串的打擊之後，狗朋友常顯得意興闌珊，不知道自己的奮鬥目標。建議你可以適時地去上一些心靈課程，或者閱讀有助於轉念的正向書籍，幫助你儘早走出低潮。

經常心神不寧的狗朋友，最近有發生血光之災的危險，接觸刀具類的尖銳物品時要格外小心，以免不慎割傷。

10月 October	事業 ★★★★ 財運 ★★★ 愛情 ★★★★ 功名 ★★★ 健康 ★★★ 鴻運日 **7、29**

近期人緣暢旺，讓狗朋友透過多方的助力，及早追趕進度，藉由適當的行銷手法努力拉抬業績，再次贏得主管的肯定。另外，也可透過找網紅或知名公眾人物代言，增加販售商品的能見度，將有利於銷售成績，讓你在公司內部由黑翻紅，再度成為主管心中的愛將。

喜愛創意工作的狗朋友，最近靈感層出不窮，你設計的作品既吸睛又脫俗，假使有機會參加比賽，很可能會脫穎而出。

而在感情部分，也處在非常順遂的時期。單身的狗朋友將經由長輩介紹，認識十分談得來的對象，加上彼此都是適婚年紀，很快就能傳出喜訊。有伴的狗朋友願意放下己見，耐心傾聽另一半的心聲，讓你更了解對方的需求，使關係更加長久。

11月

事業 ★★★★
財運 ★★★
愛情 ★★★
功名 ★★★
健康 ★★

鴻運日 10、25

這個月狗朋友能以極大的毅力及韌性克服難關，並將一些旁人不看好的事務，處理得有聲有色，展現將才之能，可望升遷至重要主管，將公司的經營之路拓展得更加寬廣，備受業界好評。

另外，近期的狗朋友縱有不順心之事，無須太過介意，因為你擁有遇難呈祥的好運，能安穩地度過難關，回復平靜的生活。狗朋友最近還可以從長輩身上得到更多的智慧啟發，以更成熟的態度來面對生活的起伏，而這樣的轉變也將讓你的人際關係變得更好，職場運也跟著更順遂。

最近要注意家中親友的健康狀況。倘若對方有身體疼痛的情形，切莫隱忍或亂吃成藥，應該盡快求助醫師，及早找出病灶，做徹底的治療。

12月
December

事業 ★★★
財運 ★★★★
愛情 ★★
功名 ★★★
健康 ★★

鴻運日 18、20

雖然生活上可能會遭受到一些衝擊，然而此時狗朋友只要以平常心面對，不要過於急躁不安，即可順利度過險境，不被這些挫折及阻礙所困擾。這個月狗朋友擁有極佳的女性貴人緣，多接觸身邊談吐不俗的女性友人，將在各方面帶給你更多的啟發，幫助你事業開展更為順遂。

偏財運極佳的狗朋友，此時可多買彩券試手氣，也可多參與抽獎活動，有機會順利贏得大獎。而懂得投資的狗朋友，這時候更是大展身手的好時機，你將憑著累積多時的經驗，順利賺到預期的利潤。

就學中的狗朋友若想考取高分，可把握時機在課業上努力拚一波，只要你用心Ｋ書，將會發現自己擁有極佳的天賦，能切實地抓到重點並獲得好成績。

第 **2** 名

豬 貴人扶持年

吉星｜太陰、歲合、六合
凶星｜貫索、卒暴、勾神、亡神、
　　　孤辰、天官符（偏沖）

相較於去年常感心力交瘁，今年的豬朋友會發現自己整體的運勢明顯提升，讓你有喘口氣的心安感受。歷經去年的磨練之後，豬朋友更充滿智慧，面對危機時能立刻區分輕重，在緊要關頭時化險為夷。另外，今年你也將擁有各方貴人相助的好運，幫助你開展更多的財源，讓你更能掌握正確的人生方向，往成功大道邁進。

事業好運指數 ★★★★

今年在事業上有「太陰」吉星相助，豬朋友將遇到重要的女性貴人提拔，讓你獲得大訂單或者跟極具分量的廠商合作，創造極高的宣傳效應，連帶你販售的商品屢創佳績。加上「歲合」的相助，想要謀得好職位的豬朋友，在今年可以得償所願，順利應徵上一份待遇及工作內容都讓你滿意的職務，並且大展身手。

財運好運指數 ★★★★★

今年的財運興旺，從事業務工作的豬朋友，能順利提高銷量，賺得豐厚的獎金。而自創品牌的朋友，也會開發出實用又吸睛的熱賣商品，在網路上暢銷。今年也是適合進軍投資市場的一年，豬朋友可以多吸收理財知識，並在理財專家的指引下，找尋最適合自己的投資標的，順利拓展財源，從中賺得理想的利潤。

愛情好運指數 ★★★★

桃花運佳美的豬朋友，今年可因貴人牽線而拓展交友圈，認識條件優異的新朋友，你將被其中一位氣質出色、談吐非凡者深深吸引，對方也相當欣賞你的個性，兩人一拍即合，開展一段美好的戀情。有伴的豬朋友樂於陪同另一半參與知性的休閒活動，不僅打開生活的視野，也讓你們之間更加心靈相契，關係融洽。

功名好運指數 ★★★★

功名運勢較去年更為攀升，今年應試的豬朋友，考運相當順遂，能徹底發揮你埋首苦讀的成果，且第六感靈敏的你，能精準掌握出題方向，在考場上無往不利，獲得理想成績。就職中的豬朋友則擁有極佳的升官機會，在貴人的提攜下，你將升格為管理階層並掌管公司的重大決策，同時組織一個優秀團隊，為公司拚出更美好的前途。

健康好運指數 ★★★

今年的健康運遠較去年為佳，主要在於能找到正確的紓壓方向，不會像過往以暴飲暴食的方式來紓解。透過規律的生活作息及正確的飲食習慣，讓你的健康狀態明顯變好，加上你會尋找適合自己的運動方式，或是經朋友介紹找到合適的健身教練，減脂增肌的過程讓你更有自信，精神也變得更旺盛，做起事來更有動力。

化煞小提點

受到「貫索星」影響，容易被周遭人的負面情緒波及，造成你的內心起伏不定，甚至產生灰色的念頭。建議你不妨聽聽柔和的水晶音樂，有助於釋放壓力，讓心情恢復平靜。此外，也可佩戴紫水晶飾品，或在客廳擺放紫晶洞，有助於活絡思緒，加強處事智慧，且能廣迎貴人，獲得更多好運。

豬

農曆流月運勢

1月
January

事業 ★★★
財運 ★★★★
愛情 ★★★
功名 ★★★
健康 ★★
鴻運日 6、11、22

近期豬朋友在人際關係上可說是如魚得水，當工作遇到關卡時，貴人恰好現身相助，幫你化解難題，尤其是女性貴人對你的助益更大，且有機會幫你開闢更多財源，讓你的業績蒸蒸日上。

有投資習慣的豬朋友，這個月也是進場的好時機，你的偏財運極佳，能精準地挑選到獲利豐富的標的，藉此大賺一筆。此外，也可以買彩券來試手氣，很有可能會中大獎。

在感情方面，這陣子也相當順遂，單身的豬朋友可以透過親友的介紹，認識個性溫和、相處起來十分自在的新朋友，逐漸開展一段新戀情。有伴侶的豬朋友，這個月跟另一半相當甜蜜，可以相約一起去健身，或者到郊外踏青，讓彼此的情感越來越緊密。

2月
February

事業 ★★★★
財運 ★★★★
愛情 ★★
功名 ★★★★
健康 ★★
鴻運日 4、13

這個月是升官發財的好時機，在職場上可望獲得主管的賞識，讓你擔任要職，並且推動公司重大的改革方案，不僅職位升等，薪水也有望增加。從事業務工作的豬朋友，要積極把握累積財富的好時機，多去開發新客戶，將會有意想不到的收穫，有機會拿下重要的大訂單，讓你的業績獎金翻倍賺。

雖然工作如意，但感情生活卻是狀況連連，想脫單的豬朋友可能會因旁人的三言兩語，影響你跟心儀對象間的關係，讓對方對你的觀感大為扣分，你的心情也為之低落。已有伴侶的豬朋友，則可能因某個共同朋友亂說話，造成你們之間的信任度下降而爭吵不休。建議先冷靜下來，再找適當時機打開心房好好溝通，化解彼此的歧見。

事業 ★★★
財運 ★★★★
愛情 ★★★★
功名 ★★★
健康 ★★
鴻運日 **12、24**

最近工作可能會有所異動，不是轉調至其他單位，就是派駐外地。雖然一開始你有些適應不良，手忙腳亂，但你的貴人運佳，可以獲得同事的大力相助，幫你及早進入狀況，掌控事務的大致進度，避免因生疏而導致錯誤；就算遇到難題，也會有人出手幫忙化解，讓你頓時鬆一口氣。

健康運低落，讓你的心情過度緊張，經常失眠，隔日又硬撐著工作，造成身心負荷過重，導致免疫力下滑，容易得過敏或是腸胃疾病。

另外，這個月也要注意意外災害，出門在外要提高警覺，不要只顧著滑手機、看簡訊，一不小心就可能發生交通事故。提拿重物時也要盡量放慢動作，太急躁的話，恐怕會造成筋骨損傷，得不償失。

事業 ★★
財運 ★★
愛情 ★★
功名 ★★
健康 ★★★
鴻運日 **13、14、18**

這個月受到的考驗較多，原本預期可以獲得的工作，可能瞬間告吹；或者已經進行中的重要專案，突然翻盤，必須重頭規劃。但是危機就是轉機，豬朋友不要太過焦慮，應該先冷靜下來釐清思緒，沉澱之後再出發，反而能以嶄新的角度看待事物，讓你在下一個階段有更佳的表現。

財運上有破財危機，有在做投資理財的朋友切莫太過自信，或光聽取一些朋友的小道消息就進場，很容易因此被套牢或造成嚴重的損失。除了多諮詢理財專家的意見外，自己也要下工夫做功課，才不至於誤判情勢，讓投入的資金付諸流水。另外，近期還要節省支出，有可能會出現家中重要的大型家電壞損必須更換，所以要先預留一些準備金，才能以備不時之需。

事業	★★★★★
財運	★★★★★
愛情	★★★★
功名	★★★★
運用	★★★★
鴻運日	8、12、21

相較於上個月的運勢低迷，到了這個月則是大翻轉，讓豬朋友深深有種揚眉吐氣的感受。在歷經摸索期之後，掌握到清晰的運作脈絡，讓你能夠切實地掌控流程進度，且精益求精。另外，這個月的你可說是創意大爆發，源源不絕的靈感，讓你能夠展現極佳的做事效能，或者切中市場脈動，提升銷售商品的知名度，讓業績一飛沖天，獎金更是水漲船高，荷包賺滿滿。

這個月要應考或應徵工作的人，運氣也非常順遂。仍是學子的豬朋友，考前猜題精準，讓你順利拿下高分，成績傲人。有機會參與面試的人，也會因為自信的表現，順利獲得面試官的賞識，打敗其他競爭者，成功取得待遇佳又符合志趣的好職位。

事業	★★
財運	★★
愛情	★★★
功名	★★★
健康	★★★
鴻運日	7、14

所謂的「大起大落」，就是豬朋友這個月的心情寫照，原以為即將攻頂，卻因為一時粗心大意而慘遭滑鐵盧，例如沒有做好品管，讓客戶拿到產品後對外投訴，造成品牌形象受損，連帶業績如土石流般崩壞。又或者想跟人合資創業的豬朋友，店面都找得差不多了，卻因為合作的金主突然間抽手，讓美夢落空，心情自然也跟著跌落谷底。

相較之下，愛情路則順遂許多，近期有很多機會跟傾慕的對象相處，可以把握時機多多展現自己的優點，讓對方為你留下好印象，進而拉近彼此的距離，逐漸開展戀情。已有伴侶的豬朋友，則可以邀約另一半共同參與一些心靈成長課程，消弭彼此的隔閡，讓兩顆心更加靠近，常保感情的熱度。

7月 July

事業 ★★★★
財運 ★★★★
愛情 ★★★
功名 ★★★★
健康 ★★
鴻運日 **24、25**

8月 August

事業 ★★★★
財運 ★★★★
愛情 ★★
功名 ★★★
健康 ★★★
鴻運日 **15**

原本孤軍奮戰的寂寞感將為之轉變，在貴人出手相助後，一些已經被否定的專案，又再度出現轉機，並且可望跟其他更有力的大客戶合作，創造更多的利潤佳績。此外，你過去曾幫助過的朋友，也會在這個月中反過來變成你的恩人，比方幫你介紹工作，或引介適合共同創業的夥伴，為你的事業開闊更寬闊的道路。

健康運偏弱，可能會發生意外災害，有健身習慣的豬朋友，這個月要特別提防運動傷害，感到疲倦時就要多休息，不要硬撐著身體運動。再者也不要一昧地追尋挑戰，超出自己能力範圍，結果反而得不償失，造成肌肉拉傷。

此外，出門在外更要留意四周的動靜，小心突如其來急轉彎的車輛，避免發生車禍。

延續上一個月的事業好運，這個月的豬朋友更是氣勢如虹，有望順利升官加薪，並且成為團隊中的要角，或者深獲老闆的肯定，成為公司的決策高層。想當網紅或做直播主的豬朋友，這個月也要好好把握機會，你的人氣可望一路攀升，加上與一些廠商的產品置入合作，令你的收入倍增，是名利雙收的好時機。

雖然事業運、財運都相當興旺，感情運卻顯得有些疲弱，主要是這陣子你會受到一些流言的攻擊，造成情感世界動盪不已。單身的豬朋友原本苦苦追求的心儀對象，有可能聽信一些八卦流言而對你心生反感，讓這段情緣破滅；已有對象的豬朋友狀況也不好，親友間亂傳的小道消息影響另一半對你的信任，讓你們爭執不休，關係陷入谷底。

9月	事業 ★★★
September	財運 ★★★
	愛情 ★★★★
	功名 ★★★
	健康 ★★★
	鴻運日 13、26

原本穩定的工作，卻因組織變動而面臨更多的挑戰。這個月豬朋友可能會因職務性質轉變而派駐異地，或者被派任處理不熟悉的事務，且需在短期內達到一定的績效。這些過程讓豬朋友倍感壓力，內心常感到慌亂無比，只能強作鎮定，打起精神應對所有的變化。建議你不要有苦都自己扛，適時地向他人求助，至少可以聽到建設性的建言，幫助你更快地面對問題，儘早解決難關。

整體感情運勢揚升許多，單身的朋友在出差過程中，不經意地遇到令你心動的對象，彷彿偶像劇般的浪漫邂逅，為戀情開啟了幸福契機。有伴侶的豬朋友終於有機會可以跟另一半化解歧見，並藉由重返熱戀時的約會地，讓你們回憶起昔日的點點滴滴，重燃甜蜜愛火。

10月	事業 ★★
October	財運 ★★
	愛情 ★★★
	功名 ★★★
	健康 ★★
	鴻運日 8、17

事業上充滿許多無法掌控的狀況，需要及時地發揮應變能力，並且沉著應對，才有機會逢凶化吉。而在財務上也可能會發生破財危機，主要是工作上太多事情要應對，讓自己無法面面俱到，可能在外出時沒有留心隨身財物，不小心遺失了，或者因為心情鬱悶看到網路廣告，就一時衝動花錢購買，結果卻是詐騙廣告，讓你蒙受不少的損失，後悔不已。

健康上要格外小心，因為生活壓力過大，常讓你鑽牛角尖，吃不好也睡不好，導致免疫力下滑而罹患感冒，或者因三餐不定時而造成腸胃疾病。

另外，這個月還會有血光之災，拿如刀具等利器時要格外謹慎，以免受傷。建議適時地捐血，或者多做煙供、多佈施，以化解災難。

11月 November

事業★★★★
財運★★★★
愛情★★
功名★★★★
健康★★★
鴻運日 10

這個月是逆轉勝的好時機，你會發現自己的魅力倍增，在提案或應徵時，均能展現出高度的自信及讓人為之一亮的風采，順利拿下合作案或者得到工作機會。

另外，從事業務方面工作的豬朋友，更逢賺大錢的好時機，你有機會接觸到重要的大客戶，只要你拿出熱忱的服務精神，極可能打動對方順利拿到大訂單，業績可望翻倍賺。

感情上則較多起伏，單身的豬朋友雖努力向心儀對象示好，但對方的交往態度卻很保留，讓你難掩失落，卻又無法放下，只能繼續暗戀下去。而有伴的豬朋友，近期跟另一半聚少離多，在遠距溝通下常產生言語誤會，甚至為了一點小事就爭執不休。建議先讓情緒冷靜下來，才不至於吵到感情破裂。

12月 December

事業★★
財運★★
愛情★★★
功名★★
健康★★
鴻運日 10、18、29

有別於上個月在工作上的順風順水，這個月豬朋友會明顯感到運勢低落，原本答應要助你一臂之力的朋友，突然間無法幫忙，讓你期待能透過對方牽線而促成的專案落空。又或者已經談好商品上架的時間，因為臨時的變動必須延後，讓你備受主管責怪，甚至有可能因此而丟掉飯碗。面對這些衝擊時，豬朋友必須更加冷靜，以免在慌亂中釀成更多的錯誤，難以收拾。

最近在財運上更是失利連連，有投資想法的豬朋友，最近千萬要保守，切莫看到一些網路分析就貿然進場，很有可能導致嚴重虧損。另外，投資房地產的朋友若想於此時脫手，會一直苦尋不到合適的買家，假使不願意降低獲利，就只好繼續等待下去。

part

3

易經六十四卦
測事業運，抓緊機會
一飛沖天！

易經六十四卦測事業運，抓緊機會一飛沖天！

　　被尊為群經之首的《易經》，是自古以來華夏民族用來占卜運勢、掌握先機的重要依據。本篇透過《易經》的六十四卦，提供事業運的解析。只需三個銅板，對照書中的解答，即可獲知事業運勢的走向。

　　提問時，問題越明確清楚越好，例如：「明天我應徵會成功嗎？」就比「我的事業運勢如何？」來得好。另外，同一個問題不需反覆占卜，而占卜的準確度及有效性，通常在三個月至半年內之間。若超過此時限，建議可再次占卜，以獲得更新的答案。

占卜方式

1. 請準備好三個相同幣值的銅板，找一個無人打擾的安靜場所閉目靜心，再開始準備占卜。
2. 一次只能提一個問題，若有兩個問題，需分開卜算。
3. 占卜前，先虔心地向上天祈求，希望能獲得準確的開示。
4. 將三個銅板擲出，人頭為正面，數字為背面。
5. 擲出的三個銅板若為正面，稱為「老陽」；若擲出銅板為一個正面，兩個反面，則是「少陽」，符號皆為 ▅。
6. 擲出三個銅板為反面，則為「老陰」；若一個反面，兩個正面，則是「少陰」，符號皆為 ▅▅。
7. 總共需擲六次銅板，並由下往上記錄卦象。
8. 擲出的第一次，為第一爻（初爻），記在最下方。接著為第二爻，記在第一爻上方；依此類推，擲到第六次時，即為最上面的一爻（上爻）。共擲六次，總共六爻。
9. 舉例說明（右圖），地風升 ䷭，便是一個上卦 ☷（坤），及一個下卦 ☴（巽）所組成。

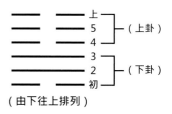

（由下往上排列）

六十四卦的卦名與卦象

坤（地）	艮（山）	坎（水）	巽（風）	震（雷）	離（火）	兌（澤）	乾（天）	←為上卦 ↓為下卦
2 坤為地	23 山地剝	8 水地比	20 風地觀	16 雷地豫	35 火地晉	45 澤地萃	12 天地否	坤（地）
15 地山謙	52 艮為山	39 水山蹇	53 風山漸	62 雷山小過	56 火山旅	31 澤山咸	33 天山遯	艮（山）
7 地水師	4 山水蒙	29 坎為水	59 風水渙	40 雷水解	64 火水未濟	47 澤水困	6 天水訟	坎（水）
46 地風升	18 山風蠱	48 水風井	57 巽為風	32 雷風恆	50 火風鼎	28 澤風大過	44 天風姤	巽（風）
24 地雷復	27 山雷頤	3 水雷屯	42 風雷益	51 震為雷	21 火雷噬嗑	17 澤雷隨	25 天雷無妄	震（雷）
36 地火明夷	22 山火賁	63 水火既濟	37 風火家人	55 雷火豐	30 離為火	49 澤火革	13 天火同人	離（火）
19 地澤臨	41 山澤損	60 水澤節	61 風澤中孚	54 雷澤歸妹	38 火澤睽	58 兌為澤	10 天澤履	兌（澤）
11 地天泰	26 山天大畜	5 水天需	9 風天小畜	34 雷天大壯	14 火天大有	43 澤天夬	1 乾為天	乾（天）

1 · 乾為天 ☰

此卦問事業，表示擁有極佳的前途，且是邁向另一階段高峰的象徵。占得此卦之人，為個性正直、有實力的人士，一生不乏貴人，且深獲上司重視。適合從事公務員、軍職及從政，能獲得不錯的發展。此時求職亦非常順遂，可望遇到賞識你的伯樂，直上青雲。

2 · 坤為地 ☷

占得此卦之人，個性偏於保守，不太敢嘗試不熟悉的事物，而傾向在既定的領域裡深耕。在事業的選擇上，適合汽車、機械、大眾傳播、廣告媒體等行業，開創事業的最好時機為春天及秋天。而在求職上較為失利，不是待遇令你不滿意，就是工作內容讓你不喜歡，只能另待良機。

3 · 水雷屯 ䷂

占得此卦之人，不適合朝九晚五的規律工作，更不適合在公家機關上班。你喜愛從事自由自在、不受拘束的行業，像充滿藝術感及活潑性的行業，如服裝設計師、室內設計師等，都相當適合你。另外，你的人緣非常好，適合自己開工作室接案，勝過進入一般公司行號就職。

4 · 山水蒙 ䷃

占得此卦表示近期的事業運低迷，且情緒波動較大，甚至會發錯脾氣，亂怪罪同事，導致人際關係變差。而在求職上的機運較差，尤其不宜任意更換工作，除了去應徵面試的成績不如預期外，還可能越找越差，不如先待在原來的崗位，工作之

餘多進修充實技能，等到時機到來時，再去尋覓適合的出路。

5 · 水天需

此卦是「游魂掛」，表示占得此卦之人的個性容易三心二意、猶豫不決，因此在事業上常因顧慮太多，而錯失表現良機。在職場上因不擅長表現自我，且不愛與人競爭，而失去出頭的機會。另外，在求職上也不順遂，好的工作機會常讓人捷足先登，只能退而求其次，接受順位較後面的工作。

6 · 天水訟 ䷅

占得此卦之人，在事業上會遇到較多波折，也容易在人際關係上吃虧，跟人起糾紛。此外，雖然你在工作上付出的心力甚多，但成果常不如預期，讓你有身心俱疲的無力感。而想求職的朋友，碰壁的機會比較多，就算幸運覓得新職，也可能相當辛苦，要做好心理準備。

7 · 地水師

此卦問事業，顯示占卦者面臨極多的挑戰，常處於前面一個事務生變，後頭又多一件事來亂的波折頻仍狀態。偏偏此時的你，處於一種進退不得的窘況，就算你想解決問題，但主導權卻偏偏不在你身上。而在求職上，此時也非良機，過程可能挫折不斷，得花較長時間才可能找到工作。

8 · 水地比 ䷇

此卦為「歸魂卦」，擲出此卦之人在工作上常有種受到拘束的感覺，再加上個

性偏於保守，不敢放手一搏，以至於難有大突破或開創出更具發展性的事業版圖。而在找工作方面，此時的你雖然對現況不滿意，但也不敢貿然跳槽。待業中的朋友，透過親友介紹工作會好過自己尋尋覓覓，成功機率較高。

9 ‧ 風天小畜 ䷈

占得此卦之人近期將有人主動找你合夥創業，讓你頗為心動，但建議不要操之過急，以免因過度衝動而做出錯誤判斷。此時需把事業願景先規劃清楚，再決定是否要把握機會開創新局。而在求職的部分，此時的你容易患得患失，無法在面試時充分表現自己的優點，建議要沉穩應對，才能順利獲得工作。

10 ‧ 天澤履 ䷉

此時的工作狀況雖然不是十分順遂，但遇到難題時也不用太擔心，只要妥善發揮應變能力，善用良好的人際關係，就大有機會化險為夷。此外，經商之人最近若要經手合約，務必謹慎，以免官司纏身。在求職的部分，近期有望獲得被其他公司挖角的機會，可以好好把握。

11 ‧ 地天泰 ䷊

近期在事業經營上相當穩當，可妥善經營人脈，能為你開拓更佳的遠景。若有機會創業，可找信任的朋友合夥以獲得更充沛的資金，共創高峰。至於在求職方面，近期也相當順遂，可找到能發揮所長的工作，但是薪水稍差強人意，建議別太介意，現階段累積實力才是最重要的。

12 · 天地否 ☰☷

　　占得此卦之人，在事業上的運勢頗為順遂，能成功地化解危機，將阻力變為助力。另外，近期在職場上也可能遭逢變動，遇到組織調動或者派駐外地的狀況，必須調整心態，趕快適應新環境。求職的朋友近期的機運也相當不錯，能找到充分發揮所長的新工作。

13 · 天火同人 ☰☲

　　近期在事業上遇到的瓶頸增多，尤其在人際關係上面臨較多難題，加上個性較為情緒化，以至於出現公私不分的狀況，甚至遲到早退，影響上司對你的評價，建議先讓自己冷靜下來，心平氣和地待人處事。在求職上，最近難以遇到適合的工作，需多一點耐心，等待良機到來。

14 · 火天大有 ☲☰

　　最近在工作上遇到的事情都是起起伏伏，讓你難以掌握，也感到有些灰心失望。雖然過程辛苦，但請稍安勿躁，此時為黎明前的黑暗時期，過一陣子你將會遇到貴人，翻轉機運，往好的方向邁進。求職上也不太順利，可能會出現反覆難求的狀態，但只要展現毅力，最終仍能克服關卡，找到適當的工作。

15 · 地山謙 ☷☶

　　此卦在事業上是一個頗為吉利的卦象，各方面事務運作順暢，容易達成預設的目標值。懷抱創業夢的朋友，此時是一個不錯的機會，但野心不要過大，需站穩腳步再慢慢發展，以免出現資金調度上的問題。若問求職，機運不錯，可以順利尋得

理想中的工作。

16 · 雷地豫

事業運亨通，加上人際關係得利，讓你不管是洽談合作案還是衝刺業績，都能交出亮眼的成績單。若遇到阻礙，能順利地逢凶化吉，想與人合資創業，此時也是極佳的時機。想找新工作或是轉換職場的人，近期也十分幸運，可以如願以償，覓得新職。

17 · 澤雷隨

此卦問事業，代表占卦者的事業目前正處於瓶頸，不管是人際關係的經營，還是業務的推廣，都呈現卡關的狀態，而你雖然想突破困局，但又不知道該從何著手，心情十分煩躁，必須調整心態，事情才不會越變越糟。求職上也不順遂，投出的履歷乏人問津，只能繼續等待良機。

18 · 山風蠱 ☶

占得此卦之人的事業心重，容易操勞過度，宜注意身體健康。若與人合夥，近期容易有口舌是非，甚至影響生意進展。創業者則要小心，會出現資金不足、周轉不靈等危機。而在求職上，若往企業管理、金融及機械類方面尋找工作，較為順遂，但待遇恐怕難以達到預期中的理想數字。

19 · 地澤臨 ☷

占得此卦者做事盡心盡力，只是遇到的波折較多，獲利也較差，建議可尋找貴

人相助，讓事業進展更順遂。創業者縱然有極佳的理想，但由於欠缺資金，只能把格局縮小，先站穩腳步。尋找出版業、紡織業或者服裝設計業的朋友，會相形順遂一些，但切勿過度在意薪水高低，以免錯失日後鴻圖大展的機會。

20 · 風地觀 ䷓

此卦問事業，凡事宜保守為上，穩定中求發展，切勿貿然跳脫原本經營的領域，或者投注更多資金擴展事業版圖，可能會嚐到失敗的苦果。如果一昧地往前衝，縱使得到一時的佳績，也可能後繼無力，得不償失。在求職方面則有許多機會，宜審慎評估，選擇最吻合志趣的工作。

21 · 火雷噬嗑 ䷔

近期在事業上出現的問題，主要在人際關係方面，容易與同事產生衝突，或者跟合夥人意見不合，這些紛爭將會影響營運上的成果，需平心靜氣、以和為貴，才能順利度過關卡。在求職方面不甚如意，縱然找到了工作，但工作壓力卻讓你喘不過氣，短期內若想轉職，可能會希望落空。

22 · 山火賁 ䷕

此卦在事業上屬於「天時、地利、人和」的狀態，手邊的事務運作流暢，且業績不斷提升，極有可能獲得升官加薪的機會。計畫創業者，此時成功機率亦非常高，但在經手各類合約時，要謹慎處理，以免出差池。至於在求職方面，占卦者能輕鬆地成功出擊，找到令自己滿意的工作。

23 · 山地剝 ☶☷

占得此卦之人，事業遇到不少關卡，有種進退維谷的感覺，能夠發揮的空間有限，且助緣薄弱，只能單打獨鬥地面對挑戰。此時不宜擴展事業，以守成為上，努力充實自己且保留實力，等待時機到來。而在求職上也不太如意，難以尋覓穩定的正職工作。

24 · 地雷復 ☷☳

此卦對事業大為有利，且可獲得各方助力，就算遇到難題，也會有貴人出手幫忙，順利化解難關。若從事業務方面的工作，則能順利獲得客戶的青睞，讓業績倍數成長，獲得豐厚的獎金。而在求職的部分，占卦者可如願以償，找到理想的工作，尤其可往大眾傳播、貿易及海運等方向覓職。

25 · 天雷無妄 ☰☳

占得此卦者，常在職場上有種「計畫趕不上變化」的感覺，即使想要爭取表現的空間，卻總是因人事變動，或者組織目標改變而不得不放棄。由於周遭的阻力較多，此時不宜躁進，保守行事為佳。而在求職上，因為你的理想過高導致覓職不順，短期內不容易獲得適合的工作。

26 · 山天大畜 ☶☰

此卦問事業，顯示占卦者的個性充滿熱情，且懷抱著極大的理想，目前的你有極佳的發展空間，可以放手一搏，再加上耐力與毅力，必有揚眉吐氣的一天。而在人際關係上，則要避免獨斷獨行，以免引起不必要的糾紛。求職的部分若能請長輩

相助，將可順利得償所願。

27 · 山雷頤 ䷚

占得此卦之人，雖然具有開創精神，也勇於衝刺，但過程中容易發生許多錯誤，導致最後成果不如預期。此時最好將心思放在打穩基礎上，多充實行銷知識，仔細規劃工作流程，才不至於一再出錯。求職上並不順利，想轉換跑道者得耐心等待，先顧好眼前的工作，再找適當時機轉職。

28 · 澤風大過 ䷛

此卦顯示占卦之人近來的心思多變，在工作判斷上容易猶豫不決，甚至經常朝令夕改，影響事務進展的流暢度。建議此時要保持冷靜，不要過於擔憂，才能獲得成功。在求職上也容易出現心猿意馬的狀態，對未來充滿不確定感，導致錯失找到好工作的機會。

29 · 坎為水 ䷜

最近在事業上將會遇到大瓶頸，人際關係上遇到小人成群、挑撥離間的狀況，只能盡量謹言慎行，以免遭受無妄之災。從事業務方面工作的人，近來業績下滑，凡事要多忍耐，熬過此階段就能轉運。求職上獲得錄取的機會不高，切莫因此自暴自棄，仍要對未來懷抱信心，才能順利度過難關。

30 · 離為火 ䷝

占到此卦的人，在事業上表現亮眼，跟人洽談生意時氣場十足，合作案順利談

成的機率非常高。但對想創業的人來說，若過度樂觀反而會被蒙蔽，恐因未掌握好細節而導致日後問題叢生。求職者可望能順利覓得新職，尤其有利於尋找金融、保險或電腦硬體等方面的工作。

31 · 澤山咸 ䷞

此卦問事業，會遇到許多挑戰關卡，例如財務上的危機，或是同行間的劇烈競爭，需冷靜應對，方能克服難關。此外，若想自行創業，此時並非好時機，有可能無法達到預期中的成果。而在求職的部分，暫時無法找到令你滿意的工作，需再多一點耐性，等待良機到來。

32 · 雷風恆 ䷟

最近事業一帆風順、平步青雲。此時是你大展長才的時機，加上有貴人相助，將可先得名、後得利，維持好名聲，事業之路可走得更加順遂，財富也會滾滾而來。求職者將可透過長輩或好友引介，找到不錯的工作，很有機會到大企業任職。

33 · 天山遯 ䷠

此卦問事業，代表目前正陷入瓶頸中，無法充分發揮你的才華，令你有種凡事受阻、難以施展的感受。且有可能遇到人事調動的問題，讓你在業務推廣上更加困難。建議此時不宜急躁，穩住腳步，來日必有好時機。而在求職上，若靠自己獨力找工作，恐有反覆難求的感覺，最好透過貴人牽線來增加成功機率。

34．雷天大壯 ䷡

占得此卦之人，近期的事業運勢不甚如意，即使付出許多心力，卻未得到主管的認可，讓你常有苦難言，心情陷入低潮。建議要適時地轉念，並將此時視為一個沉潛期，待運勢轉換之後，再好好發揮實力。求職上也容易一波多折，若找尋與勞力相關的工作，如送貨員等，相較順利許多。

35．火地晉 ䷢

近期在事業上常有障礙重重的感覺，想進行的專案未能如期開展，加上遇到一些職場上的紛爭，雖渴望轉職卻又苦無機會，讓你陷入一種高不成、低不就的無奈感。而在求職上，就算找到工作，但待遇可能不如你的期望，要想獲得薪水較高的工作，半年之後再覓職，會是較好的時機。

36．地火明夷 ䷣

近期在職場上的受挫感較大，不是工作能力被上司否定，就是一成不變的事務，讓你感到十分厭倦。想創業的朋友，此時絕非良機，必須具備更扎實的功力，才比較有機會成功。在求職上的機運也較差，對自己未來的方向感到很茫然，導致面試時表現欠缺自信，最後與職缺擦肩而過。

37．風火家人 ䷤

占得此卦之人個性沉穩內斂，但欠缺圓滑，以至於難在職場上獲得助力，苦無一展長才的機運。建議多傾聽他人的建議，維繫良好的人際關係，將能使你想推展的事務更為順利，進而有升職的機會。在求職上，宜多請長輩協助，能獲得較佳的

機運，且往金融及房地產行業發展，將會更順遂。

38 · 火澤睽 ䷥

占得此卦之人思維敏捷靈活、辦事充滿效率，且善於交際，人際關係活絡，口才極佳。從事業務相關工作者這陣子業績亮眼，表現出色，可望獲得升官加薪的機會。而在求職方面，將獲貴人引介工作，切莫三心二意，以免錯失好職缺。

39 · 水山蹇 ䷦

此卦在事業上容易有口舌是非，必須謹言慎行，以免被別人拿你的話大做文章。此時也不宜擴充事業版圖，容易多波折，經手的合約更需仔細確認，以免在細節上有差池。在求職上也不盡如意，難以尋找到薪資待遇及工作內容都讓你滿意的職務，不是降低標準，就是必須繼續等待更好的機運來臨。

40 · 雷水解 ䷧

此時是打拚事業的好時機！依卦象而論，無論是獨資創業或與朋友合夥，一切皆宜，可盡情地放手一搏。此外，由於你長久經營的人脈關係十分廣泛，亦可獲得極佳的貴人助力，讓你的工作運節節高升。想求職的朋友們，最近亦可心想事成，只要保持謙虛的態度，就可在面試時贏得高分並順利過關。

41 · 山澤損 ䷨

雖在事業上努力付出，但回收的成果有限，不是業績未達理想，就是想推行的事務頻頻受阻，讓你的挫折感大增。建議多在人際關係上下工夫，並以圓融練達的

姿態來應對進退，有助於改進工作狀況。至於在求職上，此時的機運不佳，想轉職者切莫輕易離職，以免遲遲無法找到合適的工作。

42 · 風雷益

問卦者在工作上會遇到卡關的狀態，不是遭逢進行中的專案被否決，就是面臨與外部廠商的合作破局。想與他人合夥共創事業者更要分外小心，必須提防對方資金短缺，而造成公司的信譽受損。想找工作的人也欠缺好運，難以尋覓到既適合自己志趣又待遇理想的好職位。

43 · 澤天夬

近期的工作運順遂，占得此卦之人處事有獨特見解，加上執行能力佳，能讓經手的事務運作順暢，再加上人脈廣泛，想成功不是問題。有心創業者更需把握良機，可望於此時找到合適的金主，成功開展新事業。而在求職的部分，占卦者可因自信的表現而獲得面試官青睞，順利找到新工作。

44 · 天風姤

此卦問事業，代表你有遇貴人的好運，對方將能幫助你開拓商機，或帶給你工作上的轉機，讓你開創更多的可能性，再加上你本身是個不折不扣的實力派，將以極佳的工作效率達到預期的目標。求職上則十分順遂，只要你勇於表現，將可如願以償，爭取到理想中的職缺。

45 ・澤地萃 ䷬

占得此卦之人，個性較急躁，脾氣也較火爆，說話常得罪人，以至於人緣不佳，容易跟同事產生衝突，主管也會因此對你扣分。建議放下自我的成見，以和緩的姿態待人處事，會讓事務進展更順利。在求職方面，雖可獲得工作機會，但在待遇方面卻不盡如意，建議眼光要放遠，日後將會有更好的發展。

46 ・地風升 ䷭

此卦問事業，正如同卦名有個「升」字一般，有向上竄升的意思，表示在工作上將迎來莫大的成功。過去的你可能遭遇許多難關，不管是難以提高業績，或是在人際關係上遇到困境，近期都能逐漸改善。而想求職的人，將可獲得良好的工作機會，若往房屋仲介業或金融業方面尋找會更順利。

47 ・澤水困 ䷮

占得此卦之人的事業前景十分光明，只要事前準備完善，必會獲得很好的成績。所謂的「天時、地利、人和」，此時已有天時及地利，只要你在人脈的運用上再加把勁，恭喜你，即將邁向成功的康莊大道！另外，求職者的運勢也如魚得水，將不難找到好工作，若往出版界發展將更為順遂。

48 ・水風井 ䷯

此卦問事業，表示將面臨新的挑戰，但只要沉著應對，展露智慧，便可順利突破難關。所謂「天助自助者」，只要占卦者保持信心，鍥而不捨且持之以恆地堅持下去，成功將在不遠處等待你。而在求職上也相當吉利，在應徵時能順利過關斬將，

獲得理想中的職位。

49 ‧ 澤火革

近期的事業運低迷，不管是當上班族還是自己做老闆，都會處於諸事不順的狀態，不是遇到企畫案停擺，就是無法達成預期的業績目標。想創業的朋友，此時也非好時機，難以找到志同道合的工作夥伴。求職者也難以尋獲心目中的理想職位，就算找到工作，待遇也是差強人意。

50 ‧ 火風鼎

占得此卦之人，近期在事業發展上阻礙較多，可能合約進行到一半竟發生停擺的狀況，所有的協商得重頭來過，又或者想開店的朋友，在找尋店面上一直不順利，只能大嘆：「好事多磨」。在求職方面也較多波折，必須多展現積極進取的一面，才可能順利找到工作。

51 ‧ 震為雷

近期的工作運非常興旺，猶如破繭而出，將累積多時的能量一次爆發，順利拓展事業版圖，讓業績蒸蒸日上；加上你的個性謹慎，能精準掌控細節，成果將更加完美。在求職的部分，只要你全心全力地去尋覓，把握每次面試機會，將可獲得令你滿意的工作。

52 ‧ 艮為山

占得此卦之人，個性充滿魄力，且勇氣十足。企圖心旺盛的你，致力於開拓事

業，但在人際關係上，切記以和為貴，切莫讓人覺得你過於驕傲或自我膨脹，將會影響你的職場前途。至於求職上，若能放下身段，不自視甚高，較容易獲得工作機會，且適合擔任公職，或往政治界發展。

53．風山漸 ䷴

近期在工作上常有種力不從心的感受，雖然辛勤努力，卻始終無法突破，越是急著拓展業務，越容易四處碰釘子，得不到肯定。建議此時可多聽取親友的建議，也許能讓你擁有不同的思維，熬過這個諸事受限的時期。在求職上也不是很平順，盡量放鬆心情，耐心等待機運到來。

54．雷澤歸妹 ䷵

近期在工作上會遇到競爭對手，讓你倍感壓力，切記在待人處事上勿太固執，以免與同事、客戶溝通不良，影響業績表現。有心擴張事業者，最近不宜有大動作，凡事以保守為宜。求職的部分也出現吃力不討好的情形，雖然努力投遞履歷，但回覆者並不多，透過親友介紹較容易覓職成功。

55．雷火豐 ䷶

占得此卦之人的工作態度十分認真，也很有貴人緣，工作上常獲得上司及前輩的肯定，但如果想自行出來創業，則會遇到較多的波折，建議放慢腳步，以穩紮穩打的方式應對，就能趨吉避凶。在求職上，雖可順利獲得新工作，但未來要面對的事務繁重，很考驗你的抗壓性。

56 · 火山旅 ☲☶

此卦問事業，表示長久以來累積的辛苦與壓力，會在近期慢慢獲得正向回饋，付出的辛勞總算有代價，但切記要經營好人際關係，透過與人分工合作，或者吸收前輩的經驗，將能加快成功的速度。而在求職的方面，只要你保持謙虛的態度，可望得到適合自己志趣的工作。

57 · 巽為風 ☴☴

占得此卦之人，近期在事業上常有無法發揮實力的感覺，容易心浮氣躁，無法將經手的事務處理得盡善盡美，也連帶影響升官發財的機運。建議要保持沉穩的態度，以耐心來化解難題，才能順利過關。而在求職的部分，難以找尋到符合期待的職位，必須調整標準，才有望找到工作。

58 · 兌為澤 ☱☱

此時在事業上屬於較為艱辛的時期，可能得歷經諸多錯誤的抉擇，才會出現成功的契機。也因此，凡事不要躁進，多跟同事及客戶保持良好關係，累積豐沛的人脈，日後自然會成為極大的助力。在求職上，也屬於卡關階段，可能要歷經多次面談，才能順利獲得喜愛的職位。

59 · 風水渙 ☴☵

從表象上來看，工作狀態相當平穩，但其實潛藏著危機，切莫掉以輕心。舉凡經手的文件或錢財，都要格外審慎小心，以免出錯並造成巨大損失。另外，此時不宜急著拓展事業，守成為佳。至於求職部分，近期較難找到各方面都令你滿意的職

位，若不願屈就，就必須繼續待業。

60 · 水澤節 ䷻

占得此卦之人，無論在工作能力及人脈經營上均有非常大的提升，因而讓事業開展得更順遂。一些醞釀已久的方案，也可望在近期付諸實現。此外，若有機會與他人合夥事業，也可好好把握，過程將相當順利。在求職上，近期可望獲得許多面試機會，可從中挑選最適合自己的工作。

61 · 風澤中孚 ䷼

近期的事業運變化劇烈，時好時壞，假使有重大決策或投資案，宜三思而後行。與人協商或洽談合作時，要提防發生變卦，切勿衝動行事，以免狀況發生時來不及應變。而在求職的部分，就算有應徵機會，待遇恐怕不如你意，若往業務、創意企畫方面覓職，將較為順遂。

62 · 雷山小過 ䷽

近期在工作上較不順心，辛苦耕耘的結果卻被他人收割，讓你心情低落，脾氣容易暴躁，建議先穩定情緒，才不會做出更多錯誤的抉擇。有意創業者，需耐心等待時機，若一意孤行，恐遭失敗。在求職上，暫時難以如願，想轉職者更不可輕易離開，以免找不到新工作。

63 · 水火既濟 ䷾

占得此卦之人，個性豪爽慷慨又重義氣，人緣極佳，在工作上頗得人和，同事

將輔助你在業務推展上更為順遂，老闆也頗為賞識你，給你極大的發揮空間，讓你得以大展長才。求職的運勢也不差，可望順利通過面試，即便待遇不甚滿意，但因工作具有前瞻性，仍需好好把握。

64 ‧ 火水未濟 ䷿

此卦問事業，雖會遇到一些波折起伏，但只要依照既定的策略，循序漸進地實行，最終能在驚濤駭浪之中，有驚無險地度過難關。而在人際關係上，要謹慎地待人接物，避免因口直心快而引起不必要的誤會。在求職上，必須歷經多個關卡才能覓得職位，且新工作充滿考驗，須全神貫注地迎接挑戰。

part

4

2022
開運農民曆

大家來看農民曆

農民曆是跨越古今的生活指南寶典，不管是在農業時期還是現代社會，都是非常值得人們參考的智慧之書。農民曆中除了記載和農事相關的事項外，還有入宅搬遷、訂婚嫁娶、購屋置產、喪葬等生活大小事，人們可從中挑選出最合適的良辰吉日來行事，讓生活更為順遂圓滿。

以下用簡單的說明，教大家如何善用農民曆，在重要的日子裡拿來參照，將能幫助你趨吉避凶，創造更多好運喔！

一、每日宜忌

嫁娶、置產、買賣、入宅、升遷等喜慶之事應選擇吉日進行，每日吉神凶煞各有宜忌事項，應以事務特性選定吉日。農民曆中彙整了每日宜忌，方便隨時查閱。

二、選定吉日

吉日、吉時只是一般通用，嚴格來說，應視主事者的生肖來做選擇，與當日干支不能相沖。農民曆彙整每日沖煞生肖年齡，提供讀者參考。

三、挑選良辰

選定吉日之後，接下來就要挑個良辰了，農民曆上已載明「每日吉時」，取用即可；但如果要再求精細，仍要依主事者的生肖來做選擇；因此，應從每日吉時中，選出與主事者生肖不沖煞的時辰。

吉時對照表

日期、節日、節氣、每日干支

登貴吉時：為該日最好的時辰，顧名思義就是貴人要升天、登天之際，是極為尊貴的時辰，要做重大決定不妨選在此時。登貴吉時更勝每日吉時，如逢相同時辰，更是喜上加喜。

每日吉時：每日吉利時辰，但吉利程度略遜於登貴吉時。

宜忌事項：每日趨吉避凶指南。

每日沖煞生肖：當天運勢較差的生肖，行事低調、待人謙卑，可求自保。

每日胎神占方：家有孕婦者，此方位不宜動。

喜神：每日喜神方位。

財神：每日財神方位。

每日福星：當天運勢最旺生肖，把握時運，全力以赴，則事事如意。

祭祀：指祠堂之拜拜，即拜祖先或廟宇的祭拜。

祈福：祈求神明降福或設醮還願之事。

開光：神佛像塑成後之點眼、供奉上位之事。

問名：合對男女雙方的八字帖後，交換庚帖、譜牒。

訂盟：訂婚儀式，俗稱訂婚、文定、小聘。

提親：受男方或女方的委託，向對方提議婚嫁之事。

納采：受授聘金，俗稱完聘、大定、大聘。

裁衣：裁製新娘的新衣或指做壽衣。

安床：意指安置睡床，含安置新床或搬移舊床。

嫁娶：男娶女嫁迎親之日，舉行結婚大典的吉日。

移徙：意指搬家、遷移住所。

入宅：遷入新宅，就是「新居落成」。

安香：香火之安位，例如安土地公或堂上祖先神位。

出火：移動神明之位。

解除：指沖洗清掃宅舍、解除災厄之事。

出行：外出旅行、觀光遊覽。

會親友：拜訪或宴請親友。

求醫治病：就醫治療或動手術。

開市：即開業利市，同「開幕」、「開工」之意，包括年初開始營業或開工及新設公司行號、新廠開幕等。

立券、交易：訂立各種契約、買賣之事。

納財：購屋置產、進貨、收帳、收租、討債、貸款、五穀入倉等。

交車：點交新購之汽機車。

安機械：安置車床、機械等設備。

動土：陽宅建築時第一次起鋤頭挖土、新基起蓋。

上樑：安裝建築物屋頂的樑木。

破土：指陰居埋葬用的動土。

謝土：指建築物完工後，或是安葬後、填墓完成時，所舉行的祭祀。

安葬：舉行埋葬等儀式。

破屋壞垣：拆除房屋或圍牆之事。

平治道塗：鋪平道路等工程。

修飾垣牆：修補、粉刷建築物的圍牆。

豎造全章：修造動土、豎柱上樑、開渠穿井、破屋壞垣、修飾垣牆、移徙等新造舊修之統稱。

鳳凰日、麒麟日：鳳凰日女性行事一切諸宜，麒麟日男性行事一切諸宜。

民國 111 年開工開市吉日

根據傳統習俗，開工開市是極為重要的新春大事，無論公司行號規模大小，都要在農曆新春期間挑個吉日良辰進行，祈求新的一年鴻圖大展、大發利市；大公司通常更為講究，多由負責人、營運主管親率全體員工，遵循傳統舉行開工拜拜儀式，祈願諸神庇佑公司營運順利，生意興隆，讓獲利持續成長。

開工吉日：
吉日與吉時的選擇，應以公司行號負責人或重要經營主管為主，避開老闆、負責人或高階主管的生肖沖煞。

開工吉時：
拜拜儀式宜在上午進行，最好於午時（上午 11 時～下午 1 時）前完成，因為要趁陽氣正旺時迎接天地正氣，增進財祿！

祭拜位置：
宜於公司或商店大門口，選擇光線明亮處，面對門外天空，拜請眾神護佑。

參與人員：
由公司負責人或重要主管帶領全體員工一同祝禱，誠心祈願。

祭拜供品：
包括鮮花、紅燭各一對、香與香爐、五種水果（鳳梨、蘋果、香蕉、橘子、棗子）、三色金（壽金三支、福金三支、刈金三支）、茶酒三杯及鞭炮一對。供品可貼上紅紙書寫的「開市大吉」、「招財進寶」等吉祥字句，亦可準備發粿、糕餅、乾果類等供品。

吉祥祝禱：
主祀者口唸吉祥祝禱文，請示神明，告知今日吉時開市、主祀者姓名、公司行號、地址等，祈請神明保佑，助生意興旺。

儀式流程：
開工祭拜儀式完成，燒化金紙後，點燃鞭炮開市，意謂旺運大發、一鳴驚人。祭祀全部結束後，持三杯酒水（或茶水）朝外潑灑，收拾供品分發給員工共享，吉利滿堂。

其他事項：
開工當日應相互祝福，同沾福運；老闆準備紅包發給員工，象徵業績長紅，大吉大利。

民國 111 年壬寅年開市吉日吉時

國曆日期	農曆日期	日干支	日沖生肖	開市吉時	時沖生肖
2/4(五)	1/4(五)	戊子	沖馬 21 歲	卯時	沖雞 54 歲
				辰時	沖狗 53 歲
				巳時	沖豬 52 歲
2/6(日)	1/6(日)	庚寅	沖猴 19/79 歲	卯時	沖雞 30 歲
				辰時	沖狗 29 歲
				巳時	沖豬 28 歲
2/10(四)	1/10(四)	甲午	沖鼠 15/75 歲	卯時	沖雞 42 歲
				辰時	沖狗 41 歲
				巳時	沖豬 40 歲
				午時	沖鼠 39 歲
2/13(日)	1/13(日)	丁酉	沖兔 12/72 歲	辰時	沖狗 65 歲
				巳時	沖豬 64 歲
				午時	沖鼠 63 歲
2/16(三)	1/16(三)	庚子	沖馬 69 歲	卯時	沖雞 30 歲
				辰時	沖狗 29 歲
				巳時	沖豬 28 歲
2/22(二)	1/22(二)	丙午	沖鼠 63 歲	卯時	沖雞 18/78 歲
				午時	沖鼠 15/75 歲
2/25(五)	1/25(五)	己酉	沖兔 60 歲	巳時	沖豬 40 歲
				午時	沖鼠 39 歲

以上為開市拜拜吉時，若因故無法與開工日配合，亦可先行開工，再另選吉日拜拜，在開工日之前或之後皆可。

31	30	29	28	27	26	25	24	23	22	21	20	19	18	17	16
一	日	六	五	四	三	二	一	日	六	五	四	三	二	一	日
除夕		勿探病			勿探病						大寒			勿探病	
十二月廿九	十二月廿八	十二月廿七	十二月廿六	十二月廿五	十二月廿四	十二月廿三	十二月廿二	十二月廿一	十二月二十	十二月十九	十二月十八	十二月十七	十二月十六	十二月十五	十二月十四
甲申	癸未	壬午	辛巳	庚辰	己卯	戊寅	丁丑	丙子	乙亥	甲戌	癸酉	壬申	辛未	庚午	己巳
辰戌	午申	申午	酉巳		亥卯	戌辰		寅	卯	戌時	午申	酉未	戌午	亥巳	子辰
卯辰巳未	卯巳午未	寅卯巳未	寅午申酉	丑未申酉	子午申	丑巳午未	巳午亥	丑辰巳申	寅卯未	寅午未	子丑辰巳	子卯辰巳	寅卯午未	丑寅未申	巳午申酉
◎鳳凰日 宜：嫁娶、會親友、出火、交易、納財、入殮、破土、火化、安葬	◎宜：剃頭、安機械、開光、祭祀、祈福、出行、裁衣、嫁娶、會親友、出火、安灶、入殮、破土、火化、安葬、謝土	宜：祭祀、破屋壞垣 日值月破大耗日，宜事少取 ●忌：喪葬	●宜：開市、立券、祭祀、祈福、出行、問名、訂盟、嫁娶、會親友、出火、上樑、	宜：剃頭、祭祀、祈福、出行、裁衣、嫁娶、會親友、出火、上樑、	◎納財、安床 ●忌：作灶	宜：提親、納采、裁衣、嫁娶、會親友、安香、開市、立券、交易、納財 ●忌：破土	◎日值季月紅紗正煞；宜事少取	宜：祭祀、解除、問名、訂盟、剃頭、開光、裁衣、安床、立券、交易、納財 ●忌：入宅	開市、立券、祭祀、會親友、祈福、解除、開光、剃頭、裁衣、安床灶、移徙、入宅、安香、提親、納采、安機械、出火、上樑、入殮、火化、安葬、納財	●宜：安葬、謝土 ●忌：安機械、交易、納財	◎日值受死日忌諸吉事 宜：祭祀、解除、剃頭、裁衣、嫁娶、會親友、作灶	●忌：安床 宜：剃頭、祭祀、祈福、出行、裁衣、嫁娶、會親友、出火、入殮、破土、火化、安葬、謝土、動土	◎宜：祭祀、解除、問名、訂盟、提親、納采、開市、立券 ●忌：嫁娶	●忌：問名、訂盟、提親、納采、移徙、入宅、安葬、動土 宜：剃頭、上樑、安床、入殮、火化、安葬、謝土	●忌：出火、動土、上樑、安床灶、移徙、入宅、安香 宜：會親友、祭祀、開光、祈福、解除、剃頭、裁衣、嫁娶、納采
虎 24	牛 25	鼠 26	豬 27	狗 28	雞 29	猴 30	羊 31	馬 32	蛇 33	龍 34	兔 35	虎 36	牛 37	鼠 38	豬 39
東北	東南	正南	西南	西北	東北	東南	正南	西北	西北	東北	東南	正南	西南	西北	東北
東南	正南	正南	正東	正東	正北	正北	正西	正西	東南	東南	正南	正南	正東	正東	正北
外占西北爐	外房床廁西北	外倉庫碓西北	外廚灶床西	外碓磨栖正西	外占大門西	外房床碓正西	外倉庫廁正西	外廚灶碓西南	外碓磨床西南	外門雞栖西南	外房床門正南	外倉庫爐西南	外廚灶廁西南	外占碓磨正南	外占門床正南
蛇	馬	羊	猴	雞	狗	豬	鼠	牛	虎	兔	龍	蛇	馬	羊	猴

一月

項目	1	2	3	4	5	6	7	8	9	10	11	12	13	14	15
國曆	1	2	3	4	5	6	7	8	9	10	11	12	13	14	15
星期	六	日	一	二	三	四	五	六	日	一	二	三	四	五	六
節日	元旦 勿探病	勿探病			小寒										
農曆	十一月廿九	十一月三十	十二月初一	十二月初二	十二月初三	十二月初四	十二月初五	十二月初六	十二月初七	十二月初八	十二月初九	十二月初十	十二月十一	十二月十二	十二月十三
干支	甲寅	乙卯	丙辰	丁巳	戊午	己未	庚申	辛酉	壬戌	癸亥	甲子	乙丑	丙寅	丁卯	戊辰
每日登貴	巳亥	辰子	卯丑		亥巳		亥巳				未酉		巳亥	卯丑	丑卯
每日吉時	丑寅午未	卯未申戌	巳午申酉	丑巳申	寅巳午未	子卯巳午	辰巳未申	丑寅辰巳	寅卯巳午	子寅卯未	卯辰未申	寅卯巳申	巳午酉戌	巳午未戌	巳未申酉
宜忌	宜：會親友、安機械、解除、開光、剃頭、問名、訂盟、提親、納采、裁衣、安床、開市、立券、交易、納財、入殮、火化、安葬　●忌：動土、破土、入宅	◎日值受死日忌諸吉事　宜：祭祀、修飾垣牆、平治道塗　●忌：上樑	宜：祭祀	◎鳳凰日　宜：祭祀	節前宜：祭祀、會親友、求醫治病、祈福、問名、訂盟、提親、納采、裁衣、嫁娶、出行、安床、入殮、安葬、謝土　節後宜：剃頭、祭祀、出行、嫁娶、安床、入殮、破土、火化	宜：祭祀、破屋壞垣	宜：會親友、剃頭、開光、問名、訂盟、提親、納采、裁衣、嫁娶、動土、上樑、安灶、移徙、入宅、安香、入殮、破土、火化、安葬	●忌：諸吉事　宜：祭祀、求醫治病、解除、入殮、破土、火化、安葬	宜：祭祀	宜：開光、剃頭、會親友、作灶　●忌：安葬	宜：祭祀、祈福、訂盟、納采、安床灶、入殮、火化、安葬、謝土	宜：祭祀、解除	宜：解除、求醫治病、問名、動土、安床、立券、交易、納財、破土、會親友、安機械　●忌：出火、移徙、入宅、上樑	宜：出行、問名、訂盟、開市、立券、交易、納財、提親、納采、入殮、火化、安葬	宜：祭祀、修飾垣牆、平治道塗
每日沖煞生肖	猴 54	雞 53	狗 52	豬 51	鼠 50	牛 49	虎 48	兔 47	龍 46	蛇 45	馬 44	羊 43	猴 42	雞 41	狗 40
喜神	東北	西北	西南	正南	東南	東北	西北	西南	正南	東南	東北	西北	西南	正南	東南
財神	東南	東南	正西	正西	正北	正北	正東	正東	正南	正南	東南	東南	正西	正西	正北
每日神占胎方	占門爐外東南	碓磨門外正北	廚灶栖外正南	倉庫床外正東	房床碓外正東	占門廁外正東	碓磨爐外東南	廚灶門外東南	倉庫栖外東南	占房床外東南	占門碓外東南	碓磨廁外東南	廚灶爐外正南	倉庫門外正南	房床栖外正南
每日福星	豬	狗	雞	猴	羊	馬	蛇	龍	兔	虎	牛	鼠	豬	狗	雞

28	27	26	25	24	23	22	21	20	19	18	17	16	15
一	日	六	五	四	三	二	一	日	六	五	四	三	二
和平紀念日 二二八									雨水	勿探病			元宵節
正月廿八	正月廿七	正月廿六	正月廿五	正月廿四	正月廿三	正月廿二	正月廿一	正月二十	正月十九	正月十八	正月十七	正月十六	正月十五
壬子	辛亥	庚戌	己酉	戊申	丁未	丙午	乙巳	甲辰	癸卯	壬寅	辛丑	庚子	己亥
未巳	申辰	酉卯	戌寅	酉卯	亥時	丑亥	寅卯申酉	卯酉	巳未	午時	酉巳	戌辰	亥卯
卯辰巳申	寅卯午未	寅卯午未	辰巳午申	丑辰巳午	卯巳午酉	巳未酉戌	寅卯申酉	寅未申酉	卯巳未戌	子卯巳午	寅巳午申	辰未申酉	寅卯午未
●忌：祭祀、會親友、出行、祈福、裁衣、納財、解除、開光、剃頭、求醫治病、問名、訂盟、入殮、安葬	●宜：祭祀、安機械、解除、開光、出行、剃頭、移徙、入宅、安香　忌：納采、裁衣、出火、動土、上樑、安床、安葬	◎宜：入殮、破土、火化、安葬　忌：出火、移徙、入宅	宜：祭祀、剃頭、開光、安葬、謝土　忌：破土、火化、安葬、開光、破屋壞垣	◎日值月破大耗日，宜事少取	宜：會親友、祭祀、祈福、問名、訂盟、提親、納采、裁衣、出火、動土、上樑、安床、移徙、入宅、安香、謝土　●忌：作灶、安葬	宜：開市、立券、交易、納財、入殮、破土、火化、安葬	◎宜：平治道塗、作灶　鳳凰日	宜：會親友、安機械、開光、裁衣、嫁娶、安床	宜：會親友、出行、訂盟、提親、納采、裁衣、嫁娶、安香、立券、交易、納財、入殮、破土、火化、出火、動土、上樑、安床、安葬	宜：會親友、求醫治病、解除、祭祀、開光、祈福、出火、動土、上樑、安床、立券、交易、納財、入殮、火化、移徙、入宅、安香	●忌：作灶　宜：祭祀、祈福、安葬	●忌：作灶　宜：開市、祭祀、開光、祈福、出行、剃頭、提親、納采、裁衣、嫁娶	●忌：嫁娶　宜：祭祀、會親友、安機械、問名、訂盟、提親、納采、裁衣、安床
馬 57	蛇 58	龍 59	兔 60	虎 61	牛 62	鼠 63	豬 64	狗 65	雞 66	猴 67	羊 68	馬 69	蛇 10
正南	西南	西北	東北	東南	正南	西南	西北	東北	東南	正南	西南	西北	東北
正南	正東	正東	正北	正北	正西	正西	東南	東南	正南	正南	正東	正東	正北
外倉庫東北碓	外廚灶東北床	外碓磨東北栖	外占大門東北	房內東床	房倉庫東廁	房廚灶東碓	房碓磨東栖	門雞棲房內南	房床門房內南	倉庫爐房內南	廚灶廁房內南	碓磨栖房內南	占門床房內南
牛	虎	兔	龍	蛇	馬	羊	猴	雞	狗	豬	鼠	牛	虎

國曆（二月）	1	2	3	4	5	6	7	8	9	10	11	12	13	14
星期	二	三	四	五	六	日	一	二	三	四	五	六	日	一
節日	春節				立春									情人節
農曆	正月初一	正月初二	正月初三	正月初四	正月初五	正月初六	正月初七	正月初八	正月初九	正月初十	正月十一	正月十二	正月十三	正月十四
干支	乙酉	丙戌	丁亥	戊子	己丑	庚寅	辛卯	壬辰	癸巳	甲午	乙未	丙申	丁酉	戊戌
每日登貴	亥時	寅子	子寅	戌辰		戌辰	巳時	申午		辰戌	卯亥		子寅	
每日吉時	丑寅辰巳	卯巳午酉	寅卯午未	丑辰巳未	巳午申酉	午未酉戌	寅午未申	卯巳申酉	子丑卯巳	寅卯未戌	子寅卯巳	辰巳午酉	辰巳午未	卯巳午未
宜忌	宜：祭祀、解除　●忌：諸吉事	●忌：嫁娶　宜：祭祀、安床、作灶、開市、安葬	●忌：喪葬　宜：祭祀、開光　◎◎麒麟日	◎日值四絕日，宜事少取	節前宜：祭祀、開市、立券、交易、入殮、火化、安葬、謝土　節後宜：嫁娶、開光、祈福、出行、剃頭、提親、納采、裁衣、修飾垣牆、破土	●忌：入殮、安葬　宜：會親友、裁衣、開市、立券、交易、納財	●忌：嫁娶　宜：會親友、剃頭、求醫治病、祈福、解除、出行、安床、安葬、謝土	宜：會親友、出行、解除、問名、提親、納采、嫁娶	宜：平治道塗、作灶	●忌：作灶　宜：祭祀、會親友、安機械、祈福、裁衣、安床、開市、立券、交易、納財、移徙、入宅、安香	宜：上樑、安葬	宜：祭祀、求醫治病、解除、破屋壞垣	●忌：嫁娶　宜：祭祀、祈福、上樑、解除、開光、出行、入殮、破土、火化、安葬、提親、納采、謝土	宜：入殮、破土、火化、安葬
每日沖煞生肖	兔24	龍23	蛇22	馬21	羊20	猴19	雞18	狗17	豬16	鼠15	牛14	虎13	兔12	龍11
喜神	西北	西南	正南	東南	東北	西北	西南	正南	東南	東北	西北	西南	正南	東南
財神	東北	正西	正西	正北	正北	正東	正東	正南	正南	東北	東北	正西	正西	正北
每日胎神占方	碓磨門外西北	廚灶栖外西北	倉庫床外西北	房床碓外正北	占門廁外正北	碓磨爐外正北	廚灶門外正北	倉庫栖外正北	占房床房內北	占門碓房內北	碓磨廁房內北	廚灶爐房內北	倉庫門房內北	房床栖房內南
每日福星	龍	兔	虎	牛	鼠	豬	狗	雞	猴	羊	馬	蛇	龍	兔

下表由右至左為國曆日期（16～31日）。

31	30	29	28	27	26	25	24	23	22	21	20	19	18	17	16
四	三	二	一	日	六	五	四	三	二	一	日	六	五	四	三
	勿探病	青年節		勿探病							春分	勿探病			
二月廿九	二月廿八	二月廿七	二月廿六	二月廿五	二月廿四	二月廿三	二月廿二	二月廿一	二月二十	二月十九	二月十八	二月十七	二月十六	二月十五	二月十四
癸未	壬午	辛巳	庚辰	己卯	戊寅	丁丑	丙子	乙亥	甲戌	癸酉	壬申	辛未	庚午	己巳	戊辰
辰午	午辰	未卯	申寅	丑時	寅時	戌子		丑酉	寅申		未巳	申辰	酉卯	戌寅	
卯巳午未	寅卯巳未	寅午申酉	丑未申酉	子午未申	丑巳午未	巳午酉亥	丑辰巳申	寅卯未申	寅卯午未	子丑辰巳	子卯辰巳	寅卯午申	丑寅未申	巳午申酉	巳未申酉
◎立麒麟日　宜：祭祀、會親友、安機械、祈福、開光、出行、納采、裁衣、嫁娶、出火、入殮、火化、安葬、謝土　●忌：動土	●宜：上樑　忌：祭祀、平治道塗、修飾垣牆、嫁娶	●宜：祭祀　忌：動土、交易、納財、嫁娶	◎宜：立券、交易、納財　●忌：祭祀、動土	●宜：出行、動土、破土　忌：入宅	●宜：裁衣、納采、出行、上樑、安床、問名、訂盟、提親、安床灶、立券、交易、破土、動土、安葬、入殮、火化、安葬　忌：祭祀	出火、動土　宜：會親友、出行、求醫治病、出火、祈福、移徙、入宅、安香、破土、解除、問名、訂盟、提親、納采	●宜：作灶、出行、安床　忌：安葬	提親　宜：會親友、出行、求醫治病、祈福、解除、剃頭、訂盟、動土、上樑、安床灶、移徙、破土、入宅、安香	提親　宜：開市、開光、立券、交易、嫁娶、納財、出火、動土、上樑、安床灶、移徙、入宅、安香、謝土	◎鳳凰日　宜：求醫治病、破屋壞垣	動土　●宜：祭祀、開光、祈福、剃頭、問名、訂盟、提親、納采、裁衣　忌：安床、作灶	◎日值四離日，宜事少取　●宜：祭祀、安機械、入殮、破土、火化、安葬、謝土	●宜：作灶　忌：祭祀、平治道塗、修飾垣牆	●宜：會親友、安機械、解除、裁衣、上樑、安床灶、開市、立券	宜：解除、剃頭　◎日值受死日忌諸吉事
牛 26	鼠 27	豬 28	狗 29	雞 30	猴 31	羊 32	馬 33	蛇 34	龍 35	兔 36	虎 37	牛 38	鼠 39	豬 40	狗 41
東南	正南	西南	西北	東北	東南	正南	西南	西北	東北	東南	正南	西南	西北	東北	東南
正南	正南	正東	正東	正北	正北	正西	正西	東南	東南	正南	正南	正東	正東	正北	正北
外房床廁西北	外倉庫碓西北	外廚灶床正西	外碓磨栖正西	外占大門正西	外房床爐正南	外倉庫廁西南	外廚灶碓西南	外碓磨床西南	外門雞栖西南	外房床門西南	外倉庫爐西南	外廚灶廁西南	外占碓磨正東	外占門床正東	外房床栖正南
馬	羊	猴	雞	狗	豬	鼠	牛	虎	兔	龍	蛇	馬	羊	猴	雞

三月

項目	1	2	3	4	5	6	7	8	9	10	11	12	13	14	15
國曆	1	2	3	4	5	6	7	8	9	10	11	12	13	14	15
星期	二	三	四	五	六	日	一	二	三	四	五	六	日	一	二
節日		勿探病	勿探病		驚蟄			婦女節							
農曆	正月廿九	正月三十	二月初一	二月初二	二月初三	二月初四	二月初五	二月初六	二月初七	二月初八	二月初九	二月初十	二月十一	二月十二	二月十三
干支	癸丑	甲寅	乙卯	丙辰	丁巳	戊午	己未	庚申	辛酉	壬戌	癸亥	甲子	乙丑	丙寅	丁卯
每日登貴	巳時	卯寅	寅戌	丑亥	亥丑	酉卯	戌寅	酉卯		未巳	未時		寅戌	丑亥	亥丑
每日吉時	子卯巳酉	丑寅午未	卯未申戌	巳午申酉	丑巳午申	寅巳午未	子卯巳午	辰巳申	丑寅辰巳	寅卯巳午	子寅辰巳	卯辰未申	寅卯巳申	巳午酉戌	巳午未戌
宜忌	宜：祭祀、會親友、出行、交易、裁衣、嫁娶、入殮、火化、安葬、謝土	●宜：立券、交易、納財　忌：動土、破土	◎麒麟日　宜：會親友、祭祀、祈福、解除、安床、移徙、開光、問名、訂盟、提親、納采	●宜：裁衣、會親友、出行、祭祀、祈福、解除、安床、移徙、開光、問名、訂盟、提親、納采	節前宜：平治道塗、修飾垣牆、嫁娶　節後屬陰時故不取　●忌：開市	宜：祭祀、會親友、平治道塗、修飾垣牆、嫁娶、解除、開光、剃頭、安機械、祈福、上樑、安床灶、開市、立券、交易、入殮、移徙、破土、火化、安葬、謝土、問名、訂盟、提親、納采	宜：祭祀、會親友、裁衣、嫁娶、安機械、動土、上樑、安床灶、開市、立券、交易、入殮、火化、安葬、謝土、納財	●宜：祭祀、解除、入殮、破土、火化、安葬、謝土	宜：破屋壞垣	宜：出行、交易、問名、訂盟、提親、裁衣、安香、嫁娶、安床、開市、立券、交易、納財	●宜：嫁娶、移徙、安香、安床、出行	●宜：祭祀、交易、納財、問名、訂盟、提親、入殮、破土、火化、安葬、動土、上樑、安床　●忌：開市	宜：祭祀、會親友、裁衣、嫁娶、求醫治病、問名、訂盟、祈福、納采、破土、火化、安葬、動土、上樑、安床、提親	●宜：安機械、納采、問名、訂盟、提親、納財、入殮、破土、火化、安葬、動土、上樑、安床、立券	宜：祭祀、會親友、出行、交易、裁衣、求醫治病、祈福、入殮、嫁娶、火化、安葬、解除、移徙、謝土、開市、訂盟、立券、提親、納財
每日沖煞生肖	羊42... 羊56	猴55	雞54	狗53	豬52	鼠51	牛50	虎49	兔48	龍47	蛇46	馬45	羊44	猴43	雞42
喜神	東南	東北	東南	西南	正南	東南	東北	西北	西南	正南	東南	東北	西北	西南	正南
財神	正南	東南	東南	正西	正西	正北	正北	正東	正東	正南	正南	東南	東南	正西	正西
每日胎神占方	房床廁 外東北	占門爐 外東北	碓磨門 外正東	廚灶栖 外正東	倉庫床 外正東	房床碓 外正東	占門廁 外正東	碓磨爐 外東南	廚灶門 外東南	倉庫栖 外東南	占房床 外東南	占門碓 外東南	碓磨廁 外東南	廚灶爐 外正南	倉庫門 外正南
每日福星	鼠	豬	狗	雞	猴	羊	馬	蛇	龍	兔	虎	牛	鼠	豬	狗

（每日沖煞生肖欄各日之對應數字：56、55、54、53、52、51、50、49、48、47、46、45、44、43、42）

30	29	28	27	26	25	24	23	22	21	20	19	18	17	16	15
六	五	四	三	二	一	日	六	五	四	三	二	一	日	六	五
										穀雨	勿探病				
三月三十	三月廿九	三月廿八	三月廿七	三月廿六	三月廿五	三月廿四	三月廿三	三月廿二	三月廿一	三月二十	三月十九	三月十八	三月十七	三月十六	三月十五
癸丑	壬子	辛亥	庚戌	己酉	戊申	丁未	丙午	乙巳	甲辰	癸卯	壬寅	辛丑	庚子	己亥	戊戌
卯巳	巳卯	午寅		申子	未丑	酉亥	巳酉戌	子申		辰巳	午辰	卯時	申寅	酉丑	申寅
子卯巳酉	卯辰巳申	寅卯午未	寅卯午未	辰巳午未	丑辰巳午	卯巳午酉	巳未酉戌	寅卯申酉	寅未申酉	卯巳未戌	子卯巳午	寅巳午申	辰未申酉	寅卯午未	卯巳午未
◎日值季月紅紗正煞，宜事少取 宜：祭祀 ●忌：安葬	宜：祭祀、會親友、求醫治病、安機械、祈福、解除、開光、問名、訂盟、提親、納采、裁衣、安床、入殮、破土、火化、安葬、謝土	◎麒麟日 宜：安葬、祭祀、祈福 ●忌：作灶	◎日值月破大耗日，宜事少取 宜：祭祀、祈福 ●忌：問名、訂盟、提親、納采、嫁娶、解除、剃頭、破屋壞垣	宜：祭祀、剃頭、求醫治病、上樑、安床灶、移徙、入宅、安香、入殮、火化、安葬、謝土 ●忌：開光、移徙、交易	宜：出火、移徙、入宅 ●忌：開光、解除、交易、納財	宜：平治道塗、修飾垣牆、入殮、破土、火化、安葬、謝土 ●忌：上樑	宜：出行、剃頭、問名、訂盟、提親、納采、會親友、安床、開市、入殮、火化、安葬 ●忌：上樑	宜：祭祀、祈福、解除、求醫治病、問名、訂盟、提親、納采、裁衣、嫁娶、出火、上樑、安床、移徙、入宅、安香	宜：出行、修飾垣牆	宜：出行、裁衣、嫁娶、安床、立券、交易、入殮、破土、火化、安葬 ●忌：開市	宜：會親友、出行、解除、開市、裁衣、嫁娶、出火、上樑、安床、入宅、安香、立券、交易、納財、破土	◎鳳凰日 宜：祭祀、納財 ●忌：入宅	宜：會親友、祈福、解除、開光、剃頭、問名、訂盟、提親、納采、裁衣、上樑、安床、開市、立券、交易、納財、入殮、破土、謝土 ●忌：入宅	◎日值受死日忌諸吉事 ●忌：嫁娶、安葬	◎日逢真滅沒宜事不取
羊56	馬57	蛇58	龍59	兔60	虎61	牛62	鼠63	豬64	狗65	雞66	猴67	羊68	馬69	蛇10	龍11
東南	正南	西南	西北	東北	東南	正南	西南	西北	東北	東南	正南	西南	西北	東北	東南
正南	正南	正東	正東	正北	正北	正西	正西	東南	東南	正南	正南	正東	正東	正北	正北
房床廁外東北	倉庫碓外東北	廚灶床外東北	碓磨栖外東北	占大門外東北	房床爐房內東	倉庫廁房內東	廚灶碓房內東	碓磨床房內東	門雞栖房內東	房床門房內南	倉庫爐房內南	廚灶廁房內南	占碓磨房內南	占門床房內南	房床栖房內南
鼠	牛	虎	兔	龍	蛇	馬	羊	猴	雞	狗	豬	鼠	牛	虎	兔

14	13	12	11	10	9	8	7	6	5	4	3	2	1	國曆
四	三	二	一	日	六	五	四	三	二	一	日	六	五	星期
									清明節	兒童節				節日
三月十四	三月十三	三月十二	三月十一	三月初十	三月初九	三月初八	三月初七	三月初六	三月初五	三月初四	三月初三	三月初二	三月初一	農曆
丁酉	丙申	乙未	甲午	癸巳	壬辰	辛卯	庚寅	己丑	戊子	丁亥	丙戌	乙酉	甲申	干支
戊子	子戌		寅申	辰申	午午	未卯	寅	酉丑	申寅	戌子	子戌	申時	申時	每日登貴
辰巳午酉	辰巳午酉	子寅卯午	寅卯未戌	子丑卯巳	卯巳申酉	寅午未申	午未酉戌	巳午申酉	丑辰巳未	寅卯午未	卯巳午酉	丑寅辰巳	卯辰巳未	每日吉時
●忌：開市、火化、安葬、立券、交易、納財 宜：祭祀、出行、求醫治病、安機械、祈福、上樑、安床、解除、問名、入宅、安香、納財	宜：祭祀、開光、裁衣、動土、入殮、破土、火化、安葬	宜：祭祀、作灶、平治道塗	●忌：剃頭、裁衣、動土、開市、入殮、破土、火化、安葬 宜：開市 安床、入宅、動土	●忌：解除、剃頭、出火、動土、求醫治病、問名、訂盟、提親、納采、裁衣、嫁娶 會親友、謝土、上樑、入殮、安葬、移徙、入宅、安香 宜：安床	宜：祭祀、出行、裁衣、安床、開市、立券、開光	宜：祭祀、祈福、立券、安床、嫁娶、安床灶、入殮、火化、安葬 謝土	宜：會親友、出行 動土、開市、立券、交易、納財、解除、問名、訂盟、提親、納采	◎日值季月紅紗正煞，宜事少取 ●忌：安葬、嫁娶、安床	節後宜：祭祀、安葬、嫁娶 盟、提親、納采、會親友、解除 忌：安葬、納采、會親友、求醫治病、祈福、開光、安機械、動土、上樑、安床灶、開市、立券、交易、納財	節前宜：破土、剃頭、作灶 忌：剃頭、提親、裁衣、會親友、解除、求醫治病、祈福、開光、動土、上樑、安床、問名、訂盟	宜：祭祀、出行、求醫治病、破土、火化、安葬、謝土 ●忌：開市、入殮、提親、裁衣、嫁娶、動土、安床、立券、交易、納財	宜：嫁娶	●忌：嫁娶 宜：祭祀、開光、出行、祈福、求醫治病、破土、火化、安葬、謝土、安香、入殮、出行、剃頭、出火、動土、移徙、入宅	宜忌
兔 12	虎 13	牛 14	鼠 15	豬 16	狗 17	雞 18	猴 19	羊 20	馬 21	蛇 22	龍 23	兔 24	虎 25	每日沖煞生肖
正南	西南	西北	東北	東南	正南	西南	西北	東北	東南	正南	西南	西北	東北	喜神
正西	正西	東南	東南	正南	正南	正東	正東	正北	正北	正西	正西	東南	東南	財神
倉庫門房內北	廚灶爐房內北	碓磨廁房內北	占門碓房內北	占房床房內北	倉庫栖外正北	廚灶門外正北	碓磨爐外正北	占門廁外正北	房床碓外西南	倉庫床外西南	廚灶栖外西北	碓磨門外西北	占門爐外西北	每日胎神占方
龍	蛇	馬	羊	猴	雞	狗	豬	鼠	牛	虎	兔	龍	蛇	每日福星

	31	30	29	28	27	26	25	24	23	22	21	20	19	18	17	16
星期	二	一	日	六	五	四	三	二	一	日	六	五	四	三	二	一
註			勿探病			勿探病					小滿				勿探病	
農曆	五月初二	五月初一	四月廿九	四月廿八	四月廿七	四月廿六	四月廿五	四月廿四	四月廿三	四月廿二	四月廿一	四月二十	四月十九	四月十八	四月十七	四月十六
干支	甲申	癸未	壬午	辛巳	庚辰	己卯	戊寅	丁丑	丙子	乙亥	甲戌	癸酉	壬申	辛未	庚午	己巳
	子午		辰寅		午子	未亥		申戌	戌申		丑午	巳時	巳卯		未丑	申子
吉時	卯辰巳未	卯巳午未	寅卯巳未	寅午申酉	丑未申酉	子午未申	丑巳午未	巳午酉亥	丑辰巳申	寅卯未申	寅卯午未	子丑辰巳	子卯辰巳	寅卯午申	丑寅未申	巳午申酉
宜忌	宜：平治道塗、裁衣、嫁娶、入殮、破土、火化、安葬	宜：會親友	宜：祭祀、會親友、出行、剃頭、祈福、解除、開光、裁衣、嫁娶、安機械、出火、動土、上樑、移徙、入宅、安香、開市、立券、交易、納財、入殮、破土、火化、安葬、謝土	宜：祭祀、解除	●忌：出火、移徙、入宅、開光	●忌：安葬	●忌：入宅	宜：會親友、安機械、祭祀、納采、裁衣、動土、上樑、安床、開光、開市、立券、交易、納財、	安床、解除、祈福、出行、裁衣、會親友、出火、動土、上樑、謝土	◎鳳凰日　◎日值月破大耗日，宜事少取	宜：祭祀、解除、會親友、求醫治病、問名、訂盟、提親、納采、嫁娶、安床、入殮、破土、火化、安葬、謝土	宜：出行、剃頭、求醫治病、問名、訂盟、提親、納采、入宅、開市、移徙、立券、交易、納財、	●忌：祭祀、祈福	宜：開光、問名、訂盟、提親、納采、裁衣、動土、上樑、納財、會親友、	宜：祭祀、會親友、出行、剃頭、求醫治病、祈福、解除、問名、訂盟、提親、納采、裁衣、動土、上樑、入殮、破土、問名、	◎月全食台灣不可見，宜事照常
沖煞	虎25	牛26	鼠27	豬28	狗29	雞30	猴31	羊32	馬33	蛇34	龍35	兔36	虎37	牛38	鼠39	豬40
喜神	東北	東南	正南	西南	西北	東北	東南	正南	西南	西北	東北	東南	正南	西南	西北	東北
財神	東南	正南	正南	正東	正東	正北	正北	正西	正西	東南	東南	正南	正南	正東	正東	正北
胎神	外占門北爐	外房床西廁	外倉庫西碓	外廚灶北床	外碓磨正栖	外占大門栖	外房床正栖	外倉庫正廁	外廚灶西碓	外碓磨西南床	外門雞南栖	外房床西南門	外倉庫西南爐	外廚灶西南廁	外占碓正南磨	外占門正南床
煞	蛇	馬	羊	猴	雞	狗	豬	鼠	牛	虎	兔	龍	蛇	馬	羊	猴

項目	15	14	13	12	11	10	9	8	7	6	5	4	3	2	1
國曆	15	14	13	12	11	10	9	8	7	6	5	4	3	2	1
星期	日	六	五	四	三	二	一	日	六	五	四	三	二	一	日
節日								母親節	勿探病		立夏			勿探病	勞動節 勿探病
農曆	四月十五	四月十四	四月十三	四月十二	四月十一	四月初十	四月初九	四月初八	四月初七	四月初六	四月初五	四月初四	四月初三	四月初二	四月初一
干支	戊辰	丁卯	丙寅	乙丑	甲子	癸亥	壬戌	辛酉	庚申	己未	戊午	丁巳	丙辰	乙卯	甲寅
每日登貴	未丑	酉亥	亥酉	子申	丑未		巳卯	午寅		申子	未丑	酉時	亥酉	子申	丑未
每日吉時	巳未申酉	巳午未戌	巳午酉戌	寅卯巳申	卯辰未申	子寅卯未	寅卯巳午	丑寅辰巳	辰巳未申	子卯巳午	寅卯午未	丑巳午申	巳午申酉	卯未申戌	丑寅卯未
宜忌	●忌：開市 宜：祭祀、嫁娶、開光、出行、裁衣、動土、安床灶、移徙、破土、入宅、安香、提親、立券、納采	宜：祭祀、開光、嫁娶、動土、安床、出行、求醫治病、問名、訂盟、提親、納采、立券	宜：會親友、祭祀、祈福、開光、問名、訂盟、提親、納采、裁衣、嫁娶、破土、火化、安葬、謝土	宜：會親友、開市、祈福、出行、動土、上樑、納財、入殮、破土、火化、安葬、謝土、訂盟、提親、納采	宜：會親友、祭祀、出行、剃頭、問名、訂盟、提親、納采、裁衣、嫁娶、安床灶、移徙、入宅、安香	◎麒麟日 宜：祭祀、破屋壞垣	宜：入宅、安香、解除、提親、會親友、出火、動土、安床、火化、安葬、謝土、移徙	宜：祭祀、出行、剃頭、安機械、祈福、解除、動土、上樑、問名、訂盟、提親、納采、裁衣、嫁娶、安床灶、移徙、入宅、安葬、謝土	宜：會親友、出行、剃頭、平治道塗、裁衣、開市、立券、交易、問名、訂盟 ●忌：入宅	●忌：動土、破土	●忌：嫁娶 節後屬陰時故不取 節前宜：開光、祭祀、開市	◎日值四絕日，宜事少取	●忌：安葬	宜：祭祀、裁衣、嫁娶、安床灶、立券、交易、入殮、破土、火化	◎日偏食台灣不可見，宜事照常 宜：會親友、出行、解除、問名、訂盟、提親、納采、裁衣、出火、安床灶、移徙、入宅、安香、開市、立券、交易、破土、出火
每日沖煞生肖	狗 41	雞 42	猴 43	羊 44	馬 45	蛇 46	龍 47	兔 48	虎 49	牛 50	鼠 51	豬 52	狗 53	雞 54	猴 55
喜神	東南	正南	西南	西北	東北	東南	正南	西南	西北	東北	東南	正南	西南	西北	東北
財神	正北	正西	正西	東南	東南	正南	正南	正東	正東	正北	正北	正西	正西	東南	東南
每日胎神占方	房床栖外正南	倉庫門外正南	廚灶爐外正南	碓磨廁外東南	占門碓外東南	占房床外東南	倉庫栖外東南	廚灶門外東南	碓磨爐外東南	占門廁外正東	房床碓外正東	倉庫床外正西	廚灶栖外正西	碓磨門外正東	占門爐外東北
每日福星	雞	狗	豬	鼠	牛	虎	兔	龍	蛇	馬	羊	猴	雞	狗	豬

30	29	28	27	26	25	24	23	22	21	20	19	18	17	16	15
四	三	二	一	日	六	五	四	三	二	一	日	六	五	四	三
勿探病									夏至		勿探病				
六月初二	六月初一	五月三十	五月廿九	五月廿八	五月廿七	五月廿六	五月廿五	五月廿四	五月廿三	五月廿二	五月廿一	五月二十	五月十九	五月十八	五月十七
甲寅	癸丑	壬子	辛亥	庚戌	己酉	戊申	丁未	丙午	乙巳	甲辰	癸卯	壬寅	辛丑	庚子	己亥
亥巳	丑卯	卯丑	辰子	巳亥	午戌	巳亥	未酉	酉	戌	子午	辰寅	辰	巳丑	辰	未亥
丑寅午未	子卯巳酉	卯辰巳申	寅卯午未	寅卯午未	辰巳午	丑辰巳午	卯巳午酉	巳未酉	寅午申酉	寅未申酉	卯巳未戌	子卯巳午	寅巳午申	辰未申酉	寅卯午未
宜：會親友、求醫治病、安機械、動土、上樑、安床、開市、立券、交易、納財、入殮、提親、破土、納采、火化、安葬 ●忌：移徙、入宅、嫁娶	宜：祭祀、安機械、動土、安床、開市、立券、交易、納財、入殮	宜：破土 忌：日值月破大耗日會受死日，宜事少取	◎宜：破屋壞垣	宜：祭祀、會親友、祈福、開光、出行、剃頭、安床、移徙、入宅、安香、納財、入殮、嫁娶、出火、動土、火化、安葬、謝土 ●忌：作灶	●忌：上樑 宜：祭祀、剃頭、修飾垣牆、平治道塗	宜：剃頭、動土、安床、破土、作灶 火化、安葬	宜：祭祀、安機械、解除、出行、裁衣、上樑、開市、納財、入殮、問名、訂盟、提親 ●忌：安葬	宜：入殮、火化、安葬	●忌：日值四絕日，宜事少取 宜：裁衣、解除、祭祀	◎宜：祭祀、作灶	◎宜：鳳凰日 ●忌：會親友、求醫治病、安機械、開光、剃頭、裁衣、動土、上樑、納財、入殮、破土、火化、安葬	●忌：安床、出火、動土、火化、安葬 宜：祭祀、問名、訂盟、提親、納采	●忌：破屋壞垣 宜：諸吉事	◎宜：開市 忌：日值月破大耗日，宜事少取	宜：祭祀、開光、出行、剃頭、求醫治病、問名、訂盟、提親、納采、裁衣、出行、動土、上樑、安床、移徙、入宅、安香
猴 55	羊 56	馬 57	蛇 58	龍 59	兔 60	虎 61	牛 62	鼠 63	豬 64	狗 65	雞 66	猴 67	羊 68	馬 69	蛇 10
東北	東南	正南	西南	西北	東北	東南	正南	西南	西北	東北	東南	正南	西南	西北	東北
東南	正南	正南	正東	正東	正北	正北	正南	正西	正西	東南	正南	正南	正東	正東	正北
外占門爐 東北	外房床廁 東北	外倉庫碓 東北	外廚灶床 東北	外碓磨栖 東北	外占大門 東北	房占門爐 內東	房倉庫床 內東	房廚灶碓 內東	房碓磨床 內南	房門雞栖 內南	房占大門 內南	房倉庫爐 內南	房廚灶廁 內南	房占碓磨 內南	房占門床 內南
豬	鼠	牛	虎	兔	龍	蛇	馬	羊	猴	雞	狗	豬	鼠	牛	虎

六月

項目	14	13	12	11	10	9	8	7	6	5	4	3	2	1
國曆	14	13	12	11	10	9	8	7	6	5	4	3	2	1
星期	二	一	日	六	五	四	三	二	一	日	六	五	四	三
節日									芒種			端午節		
農曆	五月十六	五月十五	五月十四	五月十三	五月十二	五月十一	五月初十	五月初九	五月初八	五月初七	五月初六	五月初五	五月初四	五月初三
干支	戊戌	丁酉	丙申	乙未	甲午	癸巳	壬辰	辛卯	庚寅	己丑	戊子	丁亥	丙戌	乙酉
每日登貴	午子	申戌	戌申	亥未	午時	寅辰	辰寅		午子	亥時	子時	申戌	戌申	亥未
每日吉時	卯巳午未	辰巳酉	辰巳午酉	子寅卯午	寅卯未戌	子丑巳	卯巳申酉	寅午未申	午未酉戌	巳午申酉	丑辰巳未	寅卯午未	巳午酉	丑寅辰巳
宜忌	宜：祭祀、納采、裁衣、嫁娶、出火、動土、祈福、開光、剃頭、安床、移徙、破土、上樑、安葬、謝土、問名、訂盟、入宅、提親、出行、交易、納財、開市、立券　●忌：作灶	宜：平治道塗、修飾垣牆、祭祀　●忌：作灶、嫁娶	宜：會親友、出行、剃頭、求醫治病、安機械、出火、上樑、移徙、動土、安床、入宅、安香、開市、立券、交易、納財、提親、納采、裁衣、嫁娶、解除、問名、訂盟	宜：會親友、剃頭、解除、祭祀、開光、祈福、出行、問名、訂盟、立券、納財　●忌：作灶、安葬、動土、破土	宜：裁衣、嫁娶、入殮、火化、安葬、謝土	宜：入殮、移徙、安灶、開市、破土	宜：祭祀、會親友、出行、納采、裁衣、嫁娶、安機械、出火、動土、上樑、安床、移徙、入宅、安香　●忌：作灶	◎宜：麒麟日　宜：祭祀	節後宜：會親友、求醫治病、祈福、解除、剃頭、問名、動土、上樑、安床灶、開市、立券、交易、納財、入殮、破土、火化、安葬　節前宜：會親友、出行、問名、訂盟、提親、納采、裁衣、嫁娶、出行、問名、入宅	宜：祭祀、會親友、出行、剃頭、求醫治病、安床灶、開市、立券、交易、納財、會親友、出行、剃頭、問名、訂盟、提親、納采、嫁娶、出火、上樑、動土、安床灶、移徙、問名、裁衣　●忌：嫁娶、入宅	◎宜：破屋壞垣　日值月破大耗日；宜事少取	宜：祭祀、會親友、出行、剃頭、祈福、解除、問名、訂盟、提親、納采、開光、破土、火化、安葬、謝土、動土、上樑、安床、移徙、入宅、安香	宜：祭祀、會親友、出行、剃頭、解除、問名、訂盟、提親、納采、入宅、安床灶、上樑、動土、納財、火化、破土、安葬、謝土、移徙	宜：祭祀、裁衣、剃頭、解除、開光、出行、問名、訂盟、提親、入宅、安床灶、上樑、火化、安葬、謝土、移徙、納財、動土、破土、交易
每日沖煞生肖	龍 11	兔 12	虎 13	牛 14	鼠 15	豬 16	狗 17	雞 18	猴 19	羊 20	馬 21	蛇 22	龍 23	兔 24
喜神	東南	正南	西南	西北	東北	東南	正南	西南	西北	東北	東南	正南	西南	西北
財神	正北	正西	正西	東南	東南	正南	正南	正東	正東	正北	正北	正西	正西	東南
每日胎神占方	房床栖房內南	倉庫門房內北	廚灶爐房內北	碓磨廁房內北	占門碓房內北	占房床房內北	倉庫栖外正北	廚灶門外正北	碓磨爐外正北	占門廁外正北	房床碓外西北	倉庫床外西北	廚灶栖外西北	碓磨門外西北
每日福星	兔	龍	蛇	馬	羊	猴	雞	狗	豬	鼠	牛	虎	兔	龍

以下為月曆表（日期由 31 至 16，對應原書由左至右各欄）。

日期	星期	節氣／註記	農曆	干支	吉時	宜／忌	沖煞（生肖・歲）	喜神	財神	胎神占方	生肖
31	日		七月初三	乙酉	丑寅辰巳	●宜：解除、裁衣、納采、安葬　忌：祭祀、剃頭、祈福、裁衣、謝土、嫁娶、安床、開市、入殮、火化、安葬	兔 24	西北	東南	外碓磨西北	龍
30	六		七月初二	甲申	卯辰巳未	宜：祭祀、會親友、剃頭、祈福、裁衣、立券、解除、開市、問名、訂盟、提親、納采、謝土、交易　●忌：嫁娶	虎 25	東北	東南	外占門爐西北	蛇
29	五		七月初一	癸未	卯巳午未	●宜：祭祀、會親友、剃頭、出行、祈福、裁衣、交易　●忌：動土、破土、安葬	牛 26	東南	正南	外房床廁西北	馬
28	四	勿探病	六月三十	壬午	寅卯巳未	宜：祭祀、入殮、破土、火化、安葬	鼠 27	正南	正南	外倉庫碓西北	羊
27	三		六月廿九	辛巳	寅午申酉	●宜：祭祀、開市、入宅、安床灶、求醫治病、問名、訂盟、提親、納采、嫁娶、安葬	豬 28	西南	正東	外廚灶床正西	猴
26	二	中伏	六月廿八	庚辰	丑未申酉	宜：祭祀、作灶、納財　●忌：納采	狗 29	西北	正東	外碓磨栖正西	雞
25	一	勿探病	六月廿七	己卯	子午未申	宜：祭祀、會親友、出行、問名、訂盟、提親、剃頭、裁衣、嫁娶、安床灶、安香、交易、納財、移徙、修飾垣牆、入殮、火化、安葬	雞 30	東北	正北	外占大門正西	狗
24	日	大暑	六月廿六	戊寅	丑巳午未	宜：會親友、安機械、出行、剃頭、問名、訂盟、提親、納采、裁衣、嫁娶、安床灶、安香、開市、出火、上樑、交易、納財　●忌：開市	猴 31	東南	正北	外房床爐正南	豬
23	六		六月廿五	丁丑	巳午酉亥	宜：求醫治病、破屋壞垣	羊 32	正南	正西	外倉庫廁正西	鼠
22	五		六月廿四	丙子	丑辰巳申	●宜：剃頭　忌：作灶、祭祀、解除、入殮、破土、火化、安葬、謝土	馬 33	西南	正西	外廚灶碓西南	牛
21	四		六月廿三	乙亥	寅卯未申	●宜：會親友、安機械、裁衣、出行、剃頭、祈福、嫁娶、開市、立券、訂盟、問名、提親、納采	蛇 34	西北	東南	外占門碓東南	虎
20	三		六月廿二	甲戌	寅卯午未	宜：開光、出行、裁衣、嫁娶、安床、開市、立券、訂盟、問名、提親、納采、安葬、謝土	龍 35	東北	東南	外碓磨栖西南	兔
19	二		六月廿一	癸酉	子丑辰巳	●宜：祭祀、開光、出行、剃頭、祈福、裁衣、求醫治病、問名、訂盟、提親、納財、安葬、謝土	兔 36	東南	正南	外房床門西南	龍
18	一		六月二十	壬申	子卯辰巳	●宜：動土、破土、作灶　忌：上樑	虎 37	正南	正南	外倉庫爐正南	蛇
17	日	勿探病	六月十九	辛未	寅卯午申	◎鳳凰日　宜：祭祀、會親友、出火、上樑、安床、移徙、入宅、安香、納財　忌：嫁娶、解除、求醫治病、入殮、破土、火化	牛 38	西南	正東	外廚灶廁正南	馬
16	六	初伏	六月十八	庚午	丑寅未申	◎日值受死日忌諸吉事　忌：入殮、破土、火化、安葬	鼠 39	西北	正東	外占碓磨正南	羊

七月

項目	15	14	13	12	11	10	9	8	7	6	5	4	3	2	1
國曆	15	14	13	12	11	10	9	8	7	6	5	4	3	2	1
星期	五	四	三	二	一	日	六	五	四	三	二	一	日	六	五
節日									小暑						勿探病
農曆	六月十七	六月十六	六月十五	六月十四	六月十三	六月十二	六月十一	六月初十	六月初九	六月初八	六月初七	六月初六	六月初五	六月初四	六月初三
干支	己巳	戊辰	丁卯	丙寅	乙丑	甲子	癸亥	壬戌	辛酉	庚申	己未	戊午	丁巳	丙辰	乙卯
每日登貴	午戌		未時	酉未		亥巳			辰子	巳亥	戌午	巳亥	未酉	酉未	戌午
每日吉時	巳午申酉	巳未申戌	巳午未戌	巳午酉戌	寅卯巳申	卯辰未申	子寅卯未	寅卯巳午	丑寅辰巳	辰巳未申	子卯巳午	寅巳午未	丑巳午未	巳午申酉	卯未申戌
宜忌	●忌：入殮、安葬 宜：祭祀、開光、祈福、安床灶、移徙、剃頭、入宅、求醫治病、裁衣、會親友、立券、交易、出火、納財、動土、上樑	宜：祭祀、納財、作灶	●忌：作灶 宜：會親友、出行、祭祀、祈福、問名、訂盟、提親、納采、裁衣、動土、上樑、安床、移徙、入宅、安香、開市、立券、交易、納財、入殮	●忌：作灶 宜：納財、入殮、動土、火化、安床、移徙、入宅、安香、開市、立券、交易、提親、納采、訂盟、問名、出行	宜：祭祀、納財、破屋壞垣	宜：祭祀、會親友、解除、問名、訂盟、提親、納采、裁衣、動土 ●忌：破土、火化、安葬、謝土	●宜：祭祀 ●忌：安葬	宜：祭祀、嫁娶	節前宜：祭祀、平治道塗、修飾垣牆、剃頭、作灶 節後宜：開市、立券、交易、納財、入殮、火化、安葬 ●忌：上樑、作灶	移徙、入宅、安香、上樑 宜：會親友、出行、開市、納財、開光、裁衣、出火、動土、安床、移徙、入宅、安香 ●忌：嫁娶、出火、上樑	◎麒麟日 宜：會親友、出行、裁衣、出火、動土、上樑、安床、移徙、入宅、安香、開市、立券、交易、納財	●忌：動土、破土 宜：祭祀、會親友、剃頭、安機械、出行、解除、開光	●忌：作灶、破土 宜：裁衣、嫁娶、出火、動土、移徙、入宅	●忌：作灶 宜：祭祀、會親友、出行、求醫治病、祈福、解除、開光、問名、訂盟、提親、納采、裁衣、嫁娶、動土、上樑、安床、移徙、入宅	●忌：開市 宜：祭祀、作灶、立券、交易、納財、出行
每日沖煞生肖	豬 40	狗 41	雞 42	猴 43	羊 44	馬 45	蛇 46	龍 47	兔 48	虎 49	牛 50	鼠 51	豬 52	狗 53	雞 54
喜神	東北	東南	正南	西南	西北	東北	東南	正南	西南	西北	東北	東南	正南	西南	西北
財神	正北	正北	正西	正西	東南	東南	正南	正南	正東	正東	正北	正北	正東	正西	東南
每日神占胎方	外正南 占門床	外正南 房床栖	外正南 倉庫門	外正南 廚灶爐	外東南 碓磨廁	外東南 占門碓	外東南 占房床	外東南 倉庫栖	外東南 廚灶門	外東南 碓磨爐	外正東 占門廁	外正東 房床碓	外正東 倉庫床	外正東 廚灶栖	外正東 碓磨門
每日福星	猴	雞	狗	豬	鼠	牛	虎	兔	龍	蛇	馬	羊	猴	雞	狗

31	30	29	28	27	26	25	24	23	22	21	20	19	18	17	16
三	二	一	日	六	五	四	三	二	一	日	六	五	四	三	二
	勿探病	勿探病						處暑						勿探病	
八月初五	八月初四	八月初三	八月初二	八月初一	七月廿九	七月廿八	七月廿七	七月廿六	七月廿五	七月廿四	七月廿三	七月廿二	七月廿一	七月二十	七月十九
丙辰	乙卯	甲寅	癸丑	壬子	辛亥	庚戌	己酉	戊申	丁未	丙午	乙巳	甲辰	癸卯	壬寅	辛丑
未巳	申辰		亥丑	丑亥		卯酉		辰酉	午申	申午	酉巳	辰時	子寅		卯亥
巳午申酉	卯未申戌	丑寅午未	子卯巳酉	卯辰巳申	寅卯午未	寅卯午未	辰巳午申	丑辰巳午	卯巳午酉	巳未酉戌	寅卯申酉	寅未申酉	卯巳未戌	子卯巳午	寅巳午申
●忌：開市　宜：祭祀、開光、祈福、普渡、安床、入殮、破土、求醫治病、問名、訂盟、提親、納采、嫁娶、會親友	宜：祭祀、入殮、火化、安葬	宜：破屋壞垣	◎日值受死日忌諸吉事	●忌：作灶　宜：祭祀、會親友、出行、安機械、祈福、解除、開光、普渡、剃頭、問名、訂盟、提親、納采、安香、入殮、破土、火化、安葬、出火、動土、安床、移徙、入宅	宜：安葬	宜：平治道塗、修飾垣牆、作灶	●忌：開市　宜：會親友、動土、上樑	●忌：作灶　宜：祭祀、會親友、普渡、出行、裁衣、剃頭、求醫治病、祈福、解除、開光、入殮、破土、火化、安葬、謝土	●忌：安葬　宜：入殮、破土、普渡、會親友、動土、上樑、安床	宜：祭祀、開光、祈福、普渡、出行、裁衣、會親友、求醫治病、問名、訂盟、提親、納采、動土、安床、上樑	●忌：火化　宜：會親友、立券、交易、納財、祭祀、祈福、問名、訂盟、提親、納采、裁衣	●忌：裁衣、安床、作灶　宜：開市、立券、交易、納財	宜：祭祀、開光、祈福、納財、裁衣、出火、入殮、火化、安葬、謝土、嫁娶、安香、移徙、入宅	宜：求醫治病、破屋壞垣	◎日值受死日忌諸吉事　宜：入殮、破土、火化、安葬
狗 53	雞 54	猴 55	羊 56	馬 57	蛇 58	龍 59	兔 60	虎 61	牛 62	鼠 63	豬 64	狗 65	雞 66	猴 67	羊 68
西南	西北	東北	東南	正南	西南	西北	東北	東南	正南	西南	西北	東北	東南	正南	西南
正西	東南	東南	正南	正南	正東	正東	正北	正北	正西	正西	東南	東南	正南	正南	正東
外廚灶栖正東	外碓磨門正東	外占門東南	外房床廁東北	外倉庫碓東北	外廚灶床東北	外碓磨栖東北	外占大門東北	房床爐房內東	倉庫廁房內東	廚灶碓房內東	碓磨床房內東	門雞栖房內東	房床門房內南	倉庫爐房內南	廚灶廁房內南
雞	狗	豬	鼠	牛	虎	兔	龍	蛇	馬	羊	猴	雞	狗	豬	鼠

八月

國曆	15	14	13	12	11	10	9	8	7	6	5	4	3	2	1
星期	一	日	六	五	四	三	二	一	日	六	五	四	三	二	一
節日	末伏			中元節				父親節	立秋			七夕			
農曆	七月十八	七月十七	七月十六	七月十五	七月十四	七月十三	七月十二	七月十一	七月初十	七月初九	七月初八	七月初七	七月初六	七月初五	七月初四
干支	庚子	己亥	戊戌	丁酉	丙申	乙未	甲午	癸巳	壬辰	辛卯	庚寅	己丑	戊子	丁亥	丙戌
每日登貴	辰戌	酉時	戌時	午申	申午	酉巳	戌辰	子寅	寅申	卯亥	辰戌	巳酉	辰戌	午申	卯巳
每日吉時	辰未申酉	寅卯午未	卯巳午未	辰巳午酉	辰巳午酉	子寅卯午	寅卯巳未	子丑卯巳	卯巳申酉	寅午未申	午未酉戌	巳午申酉	丑辰巳未	寅卯午未	卯巳午酉
宜忌	●安床 忌：作灶、安葬、入宅 宜：祭祀、會親友、祈福、開光、普渡、剃頭、裁衣、動土、上樑	宜：修飾垣牆、平治道塗	◎鳳凰日 忌：作灶 宜：會親友、解除、開光、剃頭、問名、訂盟、提親、納采、裁衣、出火、上樑、安床、移徙、入宅、安香	宜：出行、祭祀、普渡、裁衣、嫁娶、納財、入殮、上樑、安床、開市、破土、火化、安葬、問名、訂盟、提親	●安床 宜：祭祀、祈福、解除、開光、問名、訂盟、提親、裁衣、嫁娶、出火、安床灶、移徙、入宅	●安床 忌：動土、入殮 宜：祭祀、祈福、解除、開光、普渡、裁衣、安葬、謝土	宜：祭祀、會親友、安機械、祈福、解除、入殮、破土、火化、安葬、謝土	交易、納財 宜：祭祀、會親友、安機械、祈福、解除、裁衣、動土、上樑、安床灶、移徙、入宅、安香、立券	●節前宜：祭祀、解除、入殮、破土、火化、安葬、謝土 節後屬陰時故不取	◎麒麟日 宜：會親友、安機械、解除、入殮、破土、火化、安葬、謝土	◎日值月破大耗日會正紅紗，宜事少取 宜：求醫治病、破屋壞垣	宜：會親友、安機械、祭祀、開光、祈福、裁衣、入殮、火化、安葬、謝土	宜：會親友、開光、祭祀、剃頭、解除、裁衣、入殮、火化、安葬、謝土、訂盟、納采、嫁娶、入宅	●移徙、入宅、安香 宜：會親友、安機械、祭祀、開光、祈福、裁衣、出火、上樑、安床 忌：安葬	宜：祭祀 忌：作灶
每日沖煞生肖	馬 69	蛇 10	龍 11	兔 12	虎 13	牛 14	鼠 15	豬 16	狗 17	雞 18	猴 19	羊 20	馬 21	蛇 22	龍 23
喜神	西北	東北	東南	正南	西南	西北	東北	東南	正南	西南	西北	東北	東南	正南	西南
財神	正東	正北	正北	正西	正西	東南	東南	正南	正南	正東	正東	正北	正北	正西	正西
每日胎神占方	占碓磨 房內南	占門床 房內南	房床栖 房內南	倉庫門 房內北	廚灶爐 房內北	碓磨廁 房內北	占碓磨 房內北	占房床 外正北	倉庫栖 外正北	廚灶門 外正北	碓磨爐 外正北	占門廁 外西北	房床碓 外西北	倉庫床 外西北	廚灶栖 外西北
每日福星	牛	虎	兔	龍	蛇	馬	羊	猴	雞	狗	豬	鼠	牛	虎	兔

30	29	28	27	26	25	24	23	22	21	20	19	18	17	16
五	四	三	二	一	日	六	五	四	三	二	一	日	六	五
		教師節		勿探病			秋分 勿探病							
九月初五	九月初四	九月初三	九月初二	九月初一	八月三十	八月廿九	八月廿八	八月廿七	八月廿六	八月廿五	八月廿四	八月廿三	八月廿二	八月廿一
丙戌	乙酉	甲申	癸未	壬午	辛巳	庚辰	己卯	戊寅	丁丑	丙子	乙亥	甲戌	癸酉	壬申
午時		戊子	戊時		丑酉	寅申	辰未		巳時		申辰	酉卯		丑亥
卯巳午酉	丑寅辰巳	卯辰巳未	卯巳午未	寅卯巳未	寅午申酉	丑未申酉	子午未申	丑巳午未	巳午酉亥	丑辰巳申	寅卯未申	寅卯午未	子丑辰巳	子卯辰巳
◎麒麟日 宜：動土、安床 忌：祭祀、出行、剃頭、解除、開光、提親、納采、裁衣、嫁娶	宜：祭祀、出行	●忌：豎造全章	◎忌：日值受死日忌諸吉事	宜：剃頭、安葬、會親友、入殮	●忌：納采、入宅 宜：祭祀、會親友、安機械、祈福、剃頭、問名、訂盟、提親、納采、入宅、安床灶、移徙、入殮、安香、開市	宜：祭祀、會親友、祈福、解除、開光、剃頭、裁衣、動土、上樑、納財、入殮、破土、火化、安葬、謝土	◎宜：求醫治病、破屋壞垣，宜事少取 忌：日值月破大耗日	●忌：嫁娶 宜：開光、解除、入殮、破土、火化、安葬	宜：祭祀、會親友、出行、求醫治病、祈福、解除、提親、訂盟、納采、問名、裁衣、安床、移徙、入宅、安香、開市、立券、交易、納財、入殮、破土、火化、安葬、謝土	●忌：作灶 宜：會親友、修飾垣牆、平治道塗	●忌：嫁娶 宜：立券、交易、納財	宜：祭祀、出行、剃頭、解除、提親、納采、裁衣、動土、上樑、安床	宜：祭祀、出行	宜：剃頭、裁衣、嫁娶、安機械、出火、動土、上樑、納財、移徙、入宅、入殮、破土、火化、安葬
龍23	兔24	虎25	牛26	鼠27	豬28	狗29	雞30	猴31	羊32	馬33	蛇34	龍35	兔36	虎37
西南	西北	東北	東南	正南	西南	西北	東北	東南	正南	西南	西北	東北	東南	正南
正西	東南	東南	正南	正南	正東	正東	正北	正北	正西	正西	東南	東南	正南	正南
外廚灶西北栖	外碓磨西北門	外占門西北爐	外房床西北廁	外倉庫西北碓	外廚灶正西床	外碓磨正西栖	外占大正西門	外房床正西爐	外倉庫正西廁	外廚灶西南碓	外碓磨西南床	外門雞西南栖	外房床西南門	外倉庫西南爐
兔	龍	蛇	馬	羊	猴	雞	狗	豬	鼠	牛	虎	兔	龍	蛇

九月

項目	15	14	13	12	11	10	9	8	7	6	5	4	3	2	1
國曆	15	14	13	12	11	10	9	8	7	6	5	4	3	2	1
星期	四	三	二	一	日	六	五	四	三	二	一	日	六	五	四
節日		勿探病				中秋節			白露						
農曆	八月二十	八月十九	八月十八	八月十七	八月十六	八月十五	八月十四	八月十三	八月十二	八月十一	八月初十	八月初九	八月初八	八月初七	八月初六
干支	辛未	庚午	己巳	戊辰	丁卯	丙寅	乙丑	甲子	癸亥	壬戌	辛酉	庚申	己未	戊午	丁巳
每日登貴	寅戌	卯酉	辰申	卯酉	巳未	未巳	申辰	酉卯	亥丑	丑亥	寅戌	卯酉	辰申	卯酉	巳未
每日吉時	寅卯午申	丑寅未申	巳午未申	巳未申酉	巳午未戌	巳午酉戌	寅卯巳申	卯辰巳申	子寅卯未	寅卯巳申	丑寅辰巳	辰巳未申	子卯巳午	寅卯午未	丑巳午申
宜忌	◎宜：祭祀　日值受死會重喪日，宜事少取	●忌：祭祀、出火、移徙、嫁娶	●宜：祭祀、問名、訂盟、提親、納采、安葬、上樑	●宜：祭祀、開光、出行、剃頭、開市、立券、交易、入宅、安香、移徙、安床灶、出火、動土、入殮、破土、火化、安葬、謝土　忌：問名、訂盟、提親、納采、安葬、上樑	◎宜值月破大耗日，宜事少取　忌：求醫治病、破屋壞垣	◎宜：鳳凰日　宜：提親、會親友、火化、安葬	宜：會親友、出行、安機械、祈福、解除、祭祀、剃頭、問名、訂盟、提親、納采、裁衣、嫁娶、出火、動土、上樑、安床灶、移徙、入宅、破土、火化、安葬、謝土	宜：上樑　忌：祭祀	◎節後宜：平治道塗、修飾垣牆　節前宜：平治道塗、修飾垣牆、作灶　忌：節氣屬陰時故不取	宜：會親友、出行、安機械、解除、開光、剃頭、安床、移徙、入宅、入殮、安葬、問名、訂盟、提親　忌：納采、裁衣、出火、上樑、安香	宜：剃頭、解除、祭祀、動土、上樑、安床、問名、訂盟、提親、火化、安葬　忌：作灶、入宅	◎日逢真滅沒宜事不取　宜：祭祀、會親友、出行、安機械、祈福、解除、開光、剃頭、問名、訂盟、提親、安床、移徙、入宅、入殮、破土	◎宜：訂盟、提親、納采、裁衣、破土、安葬　忌：動土、入宅、安床	●宜：祭祀、普渡、會親友、動土、破土、問名　忌：上樑、入宅　◎麒麟日	宜：祭祀、會親友、安機械、祈福、解除、問名、納采、裁衣、立券、交易、納財、嫁娶、出火、移徙、入宅、提親、安床、安葬
每日沖煞生肖	牛 38	鼠 39	豬 40	狗 41	雞 42	猴 43	羊 44	馬 45	蛇 46	龍 47	兔 48	虎 49	牛 50	鼠 51	豬 52
喜神	西南	西北	東北	東南	正南	西南	西北	東北	東南	正南	西南	西北	東北	東南	正南
財神	正東	正東	正北	正北	正西	正西	東南	東南	正南	正南	正東	正東	正北	正北	正西
每日胎神占方	外西南 廚灶廁	外正南 占碓磨	外正南 占門床	外正南 房床栖	外正南 倉庫門	外正南 廚灶爐	外東南 碓磨廁	外東南 占門碓	外東南 占房床	外東南 倉庫栖	外東南 廚灶門	外東南 碓磨爐	外正東 占門廁	外正東 房床碓	外正東 倉庫床
每日福星	馬	羊	猴	雞	狗	豬	鼠	牛	虎	兔	龍	蛇	馬	羊	猴

項目	31	30	29	28	27	26	25	24	23	22	21	20	19	18	17	16	15
星期	一	日	六	五	四	三	二	一	日	六	五	四	三	二	一	日	六
節日／節氣		勿探病	勿探病				台灣光復節		霜降							勿探病	
農曆	十月初七	十月初六	十月初五	十月初四	十月初三	十月初二	十月初一	九月廿九	九月廿八	九月廿七	九月廿六	九月廿五	九月廿四	九月廿三	九月廿二	九月廿一	九月二十
干支	丁巳	丙辰	乙卯	甲寅	癸丑	壬子	辛亥	庚戌	己酉	戊申	丁未	丙午	乙巳	甲辰	癸卯	壬寅	辛丑
時	卯巳	巳卯	午寅	未丑			子申	丑未	未時	申時		午辰	未卯		戌子	子戌	
吉時	丑巳午申	巳午申戌	卯未申戌	丑寅午未	子卯巳酉	卯辰巳申	寅卯午未	寅卯午未	辰巳午申	丑辰巳午	卯巳午酉	巳未酉戌	寅卯申酉	寅未申酉	卯巳未戌	子卯巳午	寅巳午申
宜忌	宜：問名、訂盟、提親、納采、會親友、納財	◎宜：祭祀、解除、破屋壞垣　◎日值月破大耗日，宜事少取	宜：祭祀、入殮、破土、火化、安葬、謝土	◎宜：嫁娶、破土、火化、安葬　●忌：動土、上樑、破土、入宅	宜：平治道塗	●忌：入殮、破土、火化、安葬　宜：剃頭、出行、剃頭、開市、立券、交易、納財	安香　●忌：嫁娶　宜：出行、剃頭、解除、開市、出火、安床、移徙、入宅	安香、納財　●忌：安葬	宜：問名、訂盟、提親、裁衣、納采、嫁娶、安床、安床灶	●忌：安葬　宜：祭祀、會親友、出行、剃頭、求醫治病、祈福、解除、開市	宜：祭祀	納財　宜：問名、訂盟、提親、納采、裁衣、上樑、安床、開市、立券、交易	●忌：納財　宜：祭祀、祈福、求醫治病、安機械、作灶	宜：祭祀、會親友、出行、求醫治病、安機械、祈福、解除、剃頭、安床、上樑、開市、立券、交易　●忌：作灶	●忌：開市　宜：祭祀、解除、破屋壞垣	宜：入殮、破土、火化、安葬	宜：祭祀
沖（歲）	豬 52	狗 53	雞 54	猴 55	羊 56	馬 57	蛇 58	龍 59	兔 60	虎 61	牛 62	鼠 63	豬 64	狗 65	雞 66	猴 67	羊 68
喜神	正南	西南	西北	東北	東南	正南	西南	西北	東北	東南	正南	西南	西北	東北	東南	正南	西南
財神	正西	正西	東南	東南	正南	正南	正東	正東	正北	正北	正西	正西	東南	東南	正南	正南	正東
胎神	倉庫床外正東	廚灶栖外正東	碓磨門外正東	占門爐外正北	房床廁外東南	倉庫爐外東北	廚灶栖外東北	碓磨栖外東北	占大門外東北	房床爐房內東	倉庫廁房內東	廚灶碓房內東	碓磨床房內東	廚灶門房內南	房床栖房內南	倉庫爐房內南	廚灶廁房內南
生肖	猴	雞	狗	豬	鼠	牛	虎	兔	龍	蛇	馬	羊	猴	雞	狗	豬	鼠

14	13	12	11	10	9	8	7	6	5	4	3	2	1	國曆十月
五	四	三	二	一	日	六	五	四	三	二	一	日	六	星期
				雙十國慶		寒露				重陽節				節日
九月十九	九月十八	九月十七	九月十六	九月十五	九月十四	九月十三	九月十二	九月十一	九月初十	九月初九	九月初八	九月初七	九月初六	農曆
庚子	己亥	戊戌	丁酉	丙申	乙未	甲午	癸巳	壬辰	辛卯	庚寅	己丑	戊子	丁亥	干支
	卯未		辰午	午辰		申寅	戌子	子時		寅時	卯時	寅申	辰午	每日登貴
辰未申酉	寅卯午未	卯巳午未	辰巳午酉	辰巳午酉	子寅卯午	寅卯未戌	子丑卯巳	卯巳申酉	寅午申	午未酉戌	巳午申酉	丑辰巳未	寅卯午未	每日吉時
●宜：祭祀、會親友、祈福、安床、開市、入殮、火化、安葬、上樑、入宅	●忌：剃頭	●宜：安葬、嫁娶、上樑	●宜：祭祀、嫁娶、入殮、破土、火化、安葬、謝土　忌：開市	宜：祭祀、會親友、出行、剃頭、問名、訂盟、提親、解除、入宅、安香、開市、破土	◎鳳凰日　宜：祭祀、嫁娶、作灶　●忌：祈福	節前宜：祭祀、剃頭、會親友、嫁娶、作灶　節後宜：會親友、出行、求醫治病、安機械、祭祀、開光、剃頭、納采、裁衣、出火、動土、上樑、安床灶、入宅、安香、開市、立券、交易、納財　●忌：破土	●忌：嫁娶　宜：祭祀、會親友、剃頭、問名、訂盟、提親、納采、出火、動土、安床灶、移徙、入宅、安香、破土、問名、移徙	宜：祭祀、會親友、裁衣、出火、上樑、安床灶、移徙、入宅、安香、開市、立券、破土、火化、安葬	●忌：嫁娶　宜：祭祀、求醫治病、破屋壞垣	●忌：剃頭、交易、破土、火化、安葬　宜：會親友、祭祀、訂盟、提親、納采、嫁娶、出火、動土、上樑、安床灶、移徙、入宅、會親友、動土、謝土	宜：會親友、祭祀、開光、出行、問名、訂盟、提親、納采、嫁娶、裁衣、安床灶、移徙、入宅、立券、交易、納財、動土、上樑、破土、提親	宜：祭祀、修飾垣牆、平治道塗　●忌：開光、嫁娶、開市、立券、交易、納財	宜：會親友、出行、安機械、開光、裁衣、出火、上樑、安床、移徙、入宅、安香、開市、立券、交易、納財　●忌：安葬	宜忌
馬69	蛇10	龍11	兔12	虎13	牛14	鼠15	豬16	狗17	雞18	猴19	羊20	馬21	蛇22	每日沖煞生肖
西北	東北	東南	正南	西南	西北	東北	東南	正南	西南	西北	東北	東南	正南	喜神
正東	正北	正北	正西	正西	東南	東南	正南	正南	正東	正東	正北	正北	正西	財神
房內南 占碓磨	房內南 占門床	房內南 房床栖	房內北 倉庫門	房內北 廚灶爐	房內北 碓磨廁	房內北 占門碓	房內北 占房床	外正北 倉庫栖	外正北 廚灶門	外正北 碓磨爐	外正北 占門廁	外正北 房床碓	外西北 倉庫床	每日胎神占方
牛	虎	兔	龍	蛇	馬	羊	猴	雞	狗	豬	鼠	牛	虎	每日福星

30	29	28	27	26	25	24	23	22	21	20	19	18	17	16	15
三	二	一	日	六	五	四	三	二	一	日	六	五	四	三	二
					勿探病			小雪 勿探病							
十一月初七	十一月初六	十一月初五	十一月初四	十一月初三	十一月初二	十一月初一	十月三十	十月廿九	十月廿八	十月廿七	十月廿六	十月廿五	十月廿四	十月廿三	十月廿二
丁亥	丙戌	乙酉	甲申	癸未	壬午	辛巳	庚辰	己卯	戊寅	丁丑	丙子	乙亥	甲戌	癸酉	壬申
寅辰	寅時	巳丑	午子		戌申		子午	寅午	丑未	卯巳	巳卯	壬寅	未丑	酉亥	亥酉
寅卯午未	卯巳午酉	丑寅辰巳	卯辰巳未	卯巳午未	寅卯巳未	寅午申酉	丑未申酉	子午未酉	丑巳午未	巳午酉亥	丑辰巳申	寅卯未申	寅卯午未	子丑辰巳	子卯辰巳
◎麒麟日 ●忌：安葬 宜：祭祀、裁衣、嫁娶、安床、入殮、破土	宜：祭祀	宜：祭祀、剃頭、祈福、解除、開光、問名、訂盟、提親、納采、裁衣、嫁娶、動土、安床、開市、立券、交易、納財、破土、謝土	◎宜：祭祀、解除、入殮、會親友、祈福、出行、剃頭、問名、訂盟、提親	●忌：嫁娶 宜：入殮、火化、安葬、謝土	宜：納采、裁衣、出行、解除、問名、訂盟、提親	宜：破屋壞垣	宜：上樑、安床、會親友、入宅、安香、解除、出行、火化、安葬、出火	宜：會親友、出行、安機械、開市、問名、訂盟、提親、開光、解除、裁衣、嫁娶、動土、上樑、安床灶、移徙、入宅	宜：火化、出火、移徙、入宅、開市、立券、交易、納財、入殮、安葬	●忌：祭祀、祈福 宜：出行、會親友、求醫治病、解除、問名、訂盟、提親、納采、裁衣、嫁娶、安機械、出火、動土、移徙、入宅、安香、納財、破土、火化、安葬、謝土	●忌：安床 宜：開市、立券、交易、納財、入殮、破土、火化、安葬、謝土	宜：祭祀、出行、上樑	宜：祭祀、祈福、出行、問名、訂盟、提親、納采、嫁娶、動土	宜：祭祀、祈福、解除、剃頭、裁衣、動土、安床、開市、立券、入殮、破土、火化、安葬、謝土	◎日值受死會重喪日，宜事少取 ●忌：安葬 宜：祭祀
蛇 22	龍 23	兔 24	虎 25	牛 26	鼠 27	豬 28	狗 29	雞 30	猴 31	羊 32	馬 33	蛇 34	龍 35	兔 36	虎 37
正南	西南	西北	東北	東南	正南	西南	西北	東北	東南	正南	西南	西北	東北	東南	正南
正西	正西	東南	東南	正南	正南	正東	正東	正北	正北	正西	正西	東南	東南	正南	正南
外倉庫西床	外廚灶西北	外碓磨西北	外占門東北	外房床西北	外倉庫西北	外廚灶西南	外碓磨正西	外占大門正西	外房床正西	外倉庫正南	外廚灶西南	外碓磨西南	外門雞西南	外房床正南	外倉庫正南
虎	兔	龍	蛇	馬	羊	猴	雞	狗	豬	鼠	牛	虎	兔	龍	蛇

項目	14	13	12	11	10	9	8	7	6	5	4	3	2	1
國曆	14	13	12	11	10	9	8	7	6	5	4	3	2	1
星期	一	日	六	五	四	三	二	一	日	六	五	四	三	二
節日		勿探病					下元節	立冬						
農曆	十月廿一	十月二十	十月十九	十月十八	十月十七	十月十六	十月十五	十月十四	十月十三	十月十二	十月十一	十月初十	十月初九	十月初八
干支	辛未	庚午	己巳	戊辰	丁卯	丙寅	乙丑	甲子	癸亥	壬戌	辛酉	庚申	己未	戊午
每日登貴	子申	丑未	寅午	丑未	卯巳	巳卯	午寅	未丑	酉亥	子亥	寅巳	辰巳	寅巳	丑未
每日吉時	寅卯午申	丑寅未申	巳午申酉	巳未申酉	巳午未戌	巳午酉戌	寅卯巳申	卯辰未申	子寅卯未	寅卯巳午	丑寅辰巳	辰巳未申	子卯巳午	寅巳午未
宜忌	●宜：裁衣、祭祀、會親友、動土、上樑、安床灶、祈福、入殮、火化、問名、安葬、提親、納采、破土、謝土 ●忌：開市、立券、交易、納財	宜：立券、提親、納采、裁衣、嫁娶、出火、安床灶、移徙、入宅、開市、祈福、破土、動土、安葬、謝土、會親友、解除、交易、納財、入殮、火化	◎宜：祭祀、求醫治病、解除、破屋壞垣 ●日值月破大耗日，宜事少取	●忌：作灶 宜：會親友、剃頭、祈福、安床、提親、納采、裁衣、入殮、火化、安葬	宜：會親友、納采、裁衣、出火、動土、上樑、安床、移徙、入宅、安香、開市、立券、祈福、開光、問名、訂盟、提親	宜：會親友、出行、安機械、祭祀、開光、平治道塗、修飾垣牆、問名、訂盟、提親、納采、立券、破土、火化、安葬	◎台灣可見月全食，宜事不取	◎鳳凰日 節前宜：剃頭、問名、訂盟、提親、納采 節後宜：會親友、出行、求醫治病、解除、破土、問名、訂盟、安葬	●日值四絕日，宜事少取 宜：祭祀、開光、解除、問名、破土、火化、安葬	◎麒麟日 宜：祭祀、謝土、會親友、開光、訂盟、提親、納采、裁衣、嫁娶、出火、上樑、安床、移徙、入宅、納財 ●忌：安葬	宜：祭祀、謝土、會親友、上樑、立券、交易、納財、問名、提親、納采、解除、開市 ●忌：安葬	宜：祭祀、剃頭、祈福、開市、立券、交易、納財、問名、訂盟、提親、納采、裁衣、安床、會親友、入殮、破土、火化、安葬、謝土	◎宜：祭祀、作灶、納財 ●忌：開市	宜：會親友、出行、安機械、祭祀、開光、問名、訂盟、提親、納采、裁衣、嫁娶、出火、安床灶、移徙、入宅
每日沖煞生肖	牛 38	鼠 39	豬 40	狗 41	雞 42	猴 43	羊 44	馬 45	蛇 46	龍 47	兔 48	虎 49	牛 50	鼠 51
喜神	西南	西北	東北	東南	正南	西南	西北	東北	東南	正南	西南	西北	東北	東南
財神	正東	正東	正北	正北	正西	正西	東南	東南	正南	正南	正東	正東	正北	正北
每日胎神占方	廚灶廁外西南	占碓磨外正南	占門床外正南	房床栖外正南	倉庫門外正南	廚灶爐外正南	碓磨廁外東南	占門碓外東南	占房床外東南	倉庫栖外東南	廚灶門外東南	碓磨爐外東南	占門廁外正東	房床碓外正東
每日福星	馬	羊	猴	雞	狗	豬	鼠	牛	虎	兔	龍	蛇	馬	羊

31	30	29	28	27	26	25	24	23	22	21	20	19	18	17	16
六	五	四	三	二	一	日	六	五	四	三	二	一	日	六	五
			勿探病	勿探病		聖誕節 行憲紀念日			冬至						
十二月初九	十二月初八	十二月初七	十二月初六	十二月初五	十二月初四	十二月初三	十二月初二	十二月初一	十一月廿九	十一月廿八	十一月廿七	十一月廿六	十一月廿五	十一月廿四	十一月廿三
戊午	丁巳	丙辰	乙卯	甲寅	癸丑	壬子	辛亥	庚戌	己酉	戊申	丁未	丙午	乙巳	甲辰	癸卯
	丑卯	卯丑	辰子	巳亥	酉時	酉未	戌	亥午	丑辰	子午	卯辰	寅辰	巳丑	午子	
寅巳午未	丑巳午申	巳午申酉	卯未申戌	丑寅午未	子卯巳酉	卯辰巳申	寅卯午未	寅卯午未	辰巳午申	丑辰巳午	卯巳午酉	巳未酉戌	寅卯申酉	寅未申酉	卯巳未戌
宜：祭祀、求醫治病、破屋壞垣 ◎日值月破大耗日，宜事少取	宜：祭祀 ●忌：上樑、安葬	宜：祭祀、會親友、安機械、上樑、安床、移徙、入宅、安香、入殮、破土、火化 ●忌：開市、立券、交易、納財、作灶	宜：嫁娶 ●忌：祭祀、修飾垣牆、平治道塗 ◎麒麟日	宜：會親友、安機械、解除、開光、剃頭、問名、訂盟、提親、納采 ●忌：安葬、謝土	宜：裁衣、上樑、安床、入殮、火化、安葬 ●忌：開市、立券、交易、納財	宜：入殮、火化、安葬	宜：裁衣、火化、安葬 ●忌：嫁娶	宜：會親友、祈福、解除、開市、提親、納采、裁衣、動土 ●忌：剃頭	宜：問名、訂盟、提親、祭祀、開光、入殮、火化、安葬、謝土 ●忌：剃頭	宜：剃頭、解除、提親、動土、入殮、火化、安葬、謝土 ●忌：動土、安床、作灶	宜：祈福、出行、動土、安床、交易、破土 ◎日值四離日，宜事少取	宜：求醫治病、破屋壞垣 ●忌：作灶 ◎日值月破大耗日，宜事少取	宜：會親友、剃頭、祈福、提親、納采、裁衣、會親友、動土、上樑、安床 ●安床灶	宜：開市、立券、交易、納財、嫁娶、出火、上樑、安床、移徙、入宅、入殮、火化、安葬 ●破土、火化、安葬	宜：平治道塗
鼠51	豬52	狗53	雞54	猴55	羊56	馬57	蛇58	龍59	兔60	虎61	牛62	鼠63	豬64	狗65	雞66
東南	正南	西南	西北	東北	東南	正南	西南	西北	東北	東南	正南	西南	西北	東北	東南
正北	正西	正西	東南	東南	正南	正南	正東	正東	正北	正北	正西	正西	東南	東南	正南
房床碓 外正東	倉庫床 外正東	廚灶床 外正東	碓磨門 外正東	占門爐 外東北	房床廁 外東北	倉庫碓 外東北	廚灶床 外東北	碓磨栖 外東北	占大門 外東北	房床爐 房內東	倉庫廁 房內東	廚灶碓 房內東	碓磨床 房內東	門雞栖 房內東	房床門 房內南
羊	猴	雞	狗	豬	鼠	牛	虎	兔	龍	蛇	馬	羊	猴	雞	狗

項目	15	14	13	12	11	10	9	8	7	6	5	4	3	2	1
國曆	15	14	13	12	11	10	9	8	7	6	5	4	3	2	1
星期	四	三	二	一	日	六	五	四	三	二	一	日	六	五	四
節日	勿探病								大雪						
農曆	十一月廿二	十一月廿一	十一月二十	十一月十九	十一月十八	十一月十七	十一月十六	十一月十五	十一月十四	十一月十三	十一月十二	十一月十一	十一月初十	十一月初九	十一月初八
干支	壬寅	辛丑	庚子	己亥	戊戌	丁酉	丙申	乙未	甲午	癸巳	壬辰	辛卯	庚寅	己丑	戊子
每日登貴	戌時	亥時		丑時	子午	寅辰	辰時	巳時	午時		申時	亥未	子午	丑巳	子時
每日吉時	子卯巳午	寅巳午申	辰未申西	寅卯午未	卯巳午未	辰巳午西	辰巳午西	子寅卯午	寅卯未戌	子丑卯巳	卯巳午申	寅午未申	午未西戌	巳午申西	丑辰巳未
宜忌	●忌：嫁娶、解除、入宅　宜：會親友、出行、剃頭、問名、訂盟、提親、納采、裁衣、上樑、安床、立券、交易、祈福、納財、入殮、火化、安葬	宜：祭祀、會親友、出行、訂盟、提親、納采、裁衣、嫁娶、上樑、立券、交易、納財、解除		●忌：嫁娶　宜：出行、剃頭、求醫治病、安葬、解除	●忌：嫁娶　宜：祭祀、會親友、祈福、解除、開光、問名、訂盟、提親、納采、裁衣、動土、上樑、安葬	●忌：嫁娶　宜：裁衣、動土、上樑、安床、破土、安葬	宜：會親友、出行、安機械、解除、祭祀、問名、訂盟、提親、納采、裁衣、求醫治病、嫁娶、出火、移徙、入宅、開光、上樑、入殮、火化、安葬	●忌：動土、破土　宜：會親友、出行、剃頭、求醫治病、安機械、祭祀、祈福、問名、訂盟、提親、納采、裁衣、嫁娶、出火、上樑、移徙、入宅、入殮	◎日值月破大耗日，宜事少取　節前宜：祭祀、會親友、出行、祈福、解除、開光、問名、訂盟、提親、納采、裁衣、嫁娶、出火、動土、安香、納財、安床灶、移徙、入宅　節後宜：祭祀、求醫治病、破屋壞垣	●忌：入殮　宜：納采	◎鳳凰日　●忌：入宅　宜：祭祀、提親、納采、嫁娶	●忌：會親友、提親　宜：會親友、出行、平治道塗、修飾垣牆、開光、問名、訂盟、提親、裁衣、剃頭、移徙、入宅、安香、開市、立券、交易、納財、動土	宜：開市、安床	宜：剃頭、裁衣、嫁娶、出火、動土、上樑、移徙、入宅、安香、入殮、破土、火化、安葬	宜：開光、出行、解除、剃頭、求醫治病、問名、訂盟、提親、納采、裁衣、嫁娶、出火、動土、上樑、移徙、入宅、入殮、破土、火化、安葬
每日沖煞生肖	猴 67	羊 68	馬 69	蛇 10	龍 11	兔 12	虎 13	牛 14	鼠 15	豬 16	狗 17	雞 18	猴 19	羊 20	馬 21
喜神	正南	西南	西北	東北	東南	正南	西南	西北	東北	東南	正南	西南	西北	東北	東南
財神	正南	正東	正東	正北	正北	正西	正西	東北	東北	正南	正南	正東	正東	正北	正北
每日胎神占方	倉庫爐 房內南	廚灶廁 房內南	占碓磨 房內南	占門床 房內南	房床栖 房內北	倉庫門 房內北	廚灶爐 房內北	碓磨廁 房內北	占房碓 房內北	占房床 房內北	倉庫栖 房內北	廚灶門 外正北	碓磨爐 外正北	占門廁 外正北	房床碓 外正北
每日福星	豬	鼠	牛	虎	兔	龍	蛇	馬	羊	猴	雞	狗	豬	鼠	牛

臉譜叢書 FF1109G

2022開運大預言&福虎年開運農民曆

作　　　者　雨揚老師
編 輯 總 監　劉麗真
責 任 編 輯　謝至平
協 力 編 輯　雨揚國際文創部
行 銷 業 務　陳彩玉、楊凱雯、陳紫晴、林佩瑜、葉晉源
攝　　　影　陳奕翔
梳　　　化　郭彥伶、林荷旻
美 術 設 計　萬亞雰

發 　行 　人　凃玉雲
總 經 　理　陳逸瑛
出　　　版　臉譜出版
　　　　　　城邦文化事業股份有限公司
　　　　　　台北市民生東路二段141號5樓
　　　　　　電話：886-2-25007696　傳真：886-2-25001952
發　　　行　英屬蓋曼群島商家庭傳媒股份有限公司城邦分公司
　　　　　　台北市中山區民生東路141號11樓
　　　　　　客服專線：02-25007718；25007719
　　　　　　24小時傳真專線：02-25001990；25001991
　　　　　　服務時間：週一至週五上午09:30-12:00；下午13:30-17:00
　　　　　　劃撥帳號：19863813　戶名：書虫股份有限公司
　　　　　　讀者服務信箱：service@readingclub.com.tw
　　　　　　城邦網址：http://www.cite.com.tw
香港發行所　城邦（香港）出版集團有限公司
　　　　　　香港灣仔駱克道193號東超商業中心1樓
　　　　　　電話：852-25086231或25086217　傳真：852-25789337
　　　　　　電子信箱：hkcite@biznetvigator.com
新馬發行所　城邦（新、馬）出版集團
　　　　　　Cite（M）Sdn. Bhd.（458372U）
　　　　　　41, Jalan Radin Anum, Bandar Baru Sri Petaling,
　　　　　　57000 Kuala Lumpur, Malaysia.
　　　　　　電話：603-90578822　傳真：603-90576622
　　　　　　電子信箱：services@cite.com.my
一 版 一 刷　2021年11月

城邦讀書花園
www.cite.com.tw

ISBN　978-626-315-022-5

國家圖書館出版品預行編目資料

2022開運大預言&福虎年開運農民曆 ／雨揚老師著. -- 一版. -- 臺北市 ：臉譜出版；家庭傳媒城邦分公司發行, 2021.11
　面；　公分. --（臉譜叢書；FF1109G）
ISBN　978-626-315-022-5（平裝）

1.生肖　2.改運法

293.1　　　　　　　　　　　110015475